reinhardt

Solveig Chilla
unter Mitarbeit von Monika Rothweiler und Ezel Babur

Kindliche Mehrsprachigkeit

Grundlagen – Störungen – Diagnostik

3., vollständig überarbeitete Auflage

Mit 4 Abbildungen und 4 Tabellen

Ernst Reinhardt Verlag München

Prof. Dr. *Solveig Chilla* ist Professorin für Pädagogik bei Beeinträchtigung von Sprache und Kommunikation an der Europa-Universität Flensburg mit den Arbeitsschwerpunkten sprachliche Heterogenität und Inklusion.

Prof. Dr. *Monika Rothweiler*, germanistische Linguistin und Sprachbehindertenpädagogin, war Professorin für den Förderschwerpunkt Sprache/Sprachbehindertenpädagogik im Lehrgebiet Inklusive Pädagogik an der Universität Bremen.

Ezel Babur ist Oberstudienrätin an einem Hamburger Gymnasium, Fachseminarleiterin für das Fach Türkisch im Landesinstitut für Lehrerbildung und Schulentwicklung und Lehrbeauftragte an der Europa-Universität Flensburg. Sie ist in der Türkei geboren und 1997 nach Deutschland eingewandert.

Bibliografische Information der Deutschen Nationalbibliothek

Die Deutsche Nationalbibliothek verzeichnet diese Publikation in der Deutschen Nationalbibliografie; detaillierte bibliografische Daten sind im Internet über <http://dnb.dnb.de> abrufbar.
ISBN 978-3-497-03124-5 (Print)
ISBN 978-3-497-61586-5 (PDF-E-Book)
ISBN 978-3-497-61587-2 (EPUB)
3., vollständig überarbeitete Auflage

Printed in EU
Covermotiv: © p(AS)ob – fotolia.com
Satz: JÖRG KALIES – Satz, Layout, Grafik & Druck, Unterumbach

Ernst Reinhardt Verlag, Kemnatenstr. 46, D-80639 München
Net: www.reinhardt-verlag.de E-Mail: info@reinhardt-verlag.de

Inhalt

Vorwort zur Neuauflage ... **7**

1 Der Erwerb mehrerer Sprachen ... **10**

1.1 Die Erwerbsaufgabe ... 10
Monika Rothweiler
1.2 Erstspracherwerb: Ein Überblick ... 14
1.3 Mehrsprachigkeit ist nicht gleich Mehrsprachigkeit ... 24
1.4 Der simultane Erwerb zweier Sprachen ... 27
1.5 Heritage-Language-Erwerb und die Bedeutung der Lernumgebung ... 37
1.6 Kindlicher Zweitspracherwerb ... 39

2 Charakteristika des Sprachgebrauchs mehrsprachiger Kinder ... **59**

2.2 Sprachmischungen – vermischte Sprachen? ... 64
2.3 Sprachverlust bei Mehrsprachigkeit ... 72

3 Sprachstörungen bei mehrsprachigen Kindern ... **77**

3.1 Zum Problem einer Definition von Sprachstörung im Kontext von Mehrsprachigkeit ... 78
3.2 Türkisch als Heritage Language in Deutschland ... 81
Solveig Chilla, Ezel Babur
3.3 Auffälliger Spracherwerb? ... 85
3.4 Auffälligkeiten in der Zweitsprache als Charakteristika oder als Störungen der Sprachentwicklung? ... 86
3.5 Spezifische Sprachentwicklungsstörung bei mehrsprachigen Kindern ... 96

4 Diagnostik im Kontext von Mehrsprachigkeit 109

4.1 Sprachstandserhebungen und Sprachscreenings 110
4.2 Sprachpädagogische Diagnostik im Kontext von Mehrsprachigkeit 113
4.3 Sprachpädagogische Diagnostik bei Verdacht auf Sprachentwicklungsstörungen bei mehrsprachigen Kindern 119

5 Unterstützung von mehrsprachiger Entwicklung 131

6 Lösungshilfen 138

Literatur 141

Sachregister 154

Vorwort zur Neuauflage

In den letzten Jahren hat sich die Erkenntnis durchgesetzt: Mehrsprachigkeit ist eine Bildungsressource. Viele Kinder im Vorschulalter lernen neben Deutsch noch mindestens eine weitere Sprache. Vielen Eltern ist es ein Anliegen, ihre Kinder möglichst früh auf die globalisierte Gesellschaft vorzubereiten, lassen ihre Kinder Kurse zum frühen Fremdspracherwerb besuchen oder wählen gezielt eine bilinguale Englisch-Deutsche Kindertagesstätte. Die überwiegende Zahl mehrsprachig in Deutschland aufwachsender Kinder sind aber lebensweltlich zwei- oder mehrsprachig – sie nutzen neben Deutsch noch weitere Sprachen, wie Amhari, Farsî, Kurdisch, Polnisch, Russisch, Türkisch, eine arabische Varietät oder Somali. Unter ihnen sind viele Kinder mit Migrationshintergrund. So zeigen Forschungen, dass in Hamburger Vorschulen und Stadtteilschulen ca. 60 Prozent aller Kinder einen Migrationshintergrund haben (Behörde für Schule und Berufsbildung 2020), und ca. ein Drittel aller Kita-Kinder unter sechs Jahren in Berlin spricht in der Familie eine andere Sprache als Deutsch (Autorengruppe Bildungsberichterstattung 2020).

Zehn Jahre nach der ersten Auflage dieses Buches (Chilla/Rothweiler/Babur 2010) erstaunt es uns immer noch, dass sich die Bildungschancen für mehrsprachige Kinder mit „Migrationshintergrund" kaum verbessert haben. Mehrsprachige SchülerInnen mit Migrationshintergrund werden durch das Schulsystem immer noch systematisch benachteiligt und zwar besonders dann, wenn Migrationserfahrung und niedriger sozio-ökonomischer Status zusammenfallen. Armut und Migrationshintergrund stellen weiterhin die größte Bedrohung für den Bildungserfolg dar. Ausschlaggebend für eine erfolgreiche Schulkarriere, die sich auch über Schulleistungen in Mathematik und Deutsch misst, ist immer noch vor allem der Zugang zu und die Beherrschung der Bildungssprache Deutsch (u.a. Montanari et al. 2019; Chilla 2019). Eine Vielzahl von Forschungsbemühungen und Praxisprojekten stellt sich der Herausforderung, die sprachlichen Bildungschancen durch gezielte Förderung des Deutschen bei mehrsprachigen Kindern zu verbesssern – „Sprachbildung" ist Gegenstand aller bundesweiten Bildungspläne. Pädagogische Fachkräfte, Lehrkräfte, LogopädInnen und SprachtherapeutInnen nehmen dabei eine Schlüsselrolle ein. Sie sollen mittels selbst ausgewählter oder institutionell vorgegebener Verfahren Sprachstandsmessungen bei mehrsprachig aufwachsenden Kindern durchführen und interpretieren, um so den Deutscherwerb der Kinder zu beurteilen und kompetent ein möglichst individuell passendes und effektives Sprachförderkonzept auszuwählen und umzusetzen oder Sprachtherapie zu konzipieren, zu verwirklichen und zu reflektieren.

Wenn Sie dieses Buch in der Hand halten, wissen Sie um die mehrsprachige Realität, erkennen die mehrsprachige Lebenswirklichkeit und möchten Ihren Teil dazu beitragen, dass jedes Kind seine mehrsprachige Identität entwickeln kann. Als PraktikerIn oder Studierende der Pädagogik und Linguistik fragen Sie sich: Was bedeutet es, in Deutschland mehrsprachig aufzuwachsen? Auf welcher Basis kann ich den Sprachstand eines mehrsprachig aufwachsenden Kindes bewerten? Wie stelle ich fest, ob das Kind zusätzliche Förderung benötigt? Welche Äußerungen und Strukturen können als typisch für den mehrsprachigen Erwerb angesehen werden? Wann muss ich aufmerksam werden und welche Faktoren können den Spracherwerb (einer oder mehrerer Sprachen) gefährden? Und wann sind Störungen des Spracherwerbs festzustellen, die einer Therapie bedürfen?

In dieser dritten Auflage werden wir Sie als AutorInnen in das komplexe Themenfeld „Kindliche Mehrsprachigkeit" begleiten. Wir werden die in den letzten zehn Jahren neu gewonnenen Studienergebnisse aus internationalen Projekten zum mehrsprachigen Erwerb und zu Spacherwerbsstörungen (developmental language disorders, DLD) bei mehrsprachigen Kindern mit verschiedenen Sprachen verständlich aufbereiten.

In Kapitel 1 werden wir uns zunächst mit dem Sprach(en)erwerb befassen. Anhand des monolingualen Erwerbs des Deutschen erläutert Monika Rothweiler typische Erwerbsschritte und linguistische Modelle, bevor wir uns den verschiedenen Formen des Zweitspracherwerbs bei Kindern und Erwachsenen zuwenden. In diesem Buch steht der ungesteuerte Erwerb von zwei- und mehrsprachig in der Migration aufwachsenden Kindern, d.h. der Spracherwerb ohne expliziten Sprachunterricht, im Mittelpunkt. Der (schulische) Fremdspracherwerb, also der gesteuerte Erwerb einer zweiten Sprache in einer Institution eines Landes, in der diese Sprache nicht Verkehrssprache ist (z.B. Französischunterricht am Gymnasium), wird nicht betrachtet.

Wir stellen aktuelle Erkenntnisse zum kindlichen Zweitspracherwerb vor, wobei wir dem mehrsprachigen Erwerb von Kindern, die mit einer Heritage Language (Erbsprache) aufwachsen, besondere Aufmerksamkeit widmen. Im zweiten Kapitel geht es um typische Charakteristika des mehrsprachigen Erwerbs, die Ezel Babur anhand von Beispielen aus dem Erwerb türkisch-deutscher Kinder erläutert. Die Fähigkeiten und die Fertigkeiten des mehrsprachigen Individuums stehen dabei im Vordergrund, wobei wir besonders auf das

Sprachmischungsverhalten sowie auf den Sprachverlust im mehrsprachigen Erwerb eingehen.

Das dritte und das vierte Kapitel sind den Kernfragen des Spracherwerbs in der Migration gewidmet. Wir stellen dar, welche Formen von (Sprach-)Diagnostik im mehrsprachigen Kontext gewählt werden und worin Grenzen und Möglichkeiten von Sprachscreenings, Sprachstandserhebungen, sprachpädagogischer Diagnostik und Diagnostik bei Störungen des mehrsprachigen Erwerbs bestehen. Wir werden zunächst darlegen, welche Faktoren für den Erwerb mehrerer Sprachen in Deutschland bedeutsam sind und wie diese auf die Bewertung „auffälliger" oder „abweichender" Sprachentwicklung einwirken. In Rückgriff auf unsere Forschungsergebnisse aus verschiedenen Projekten werden von Ezel Babur wertvolle Hinweise für die Diagnostik von Spracherwerbsstörungen im Türkischen als Erstsprache gegeben. Die daran anschließenden Erkenntnisse zur Diagnostik von Spracherwerbsstörungen im Deutschen als Zweitsprache stellen in komprimierter und leicht zugänglicher Weise vielversprechende Testverfahren vor, die im internationalen Kontext entwickelt wurden. Vor diesem Hintergrund aktualisieren wir die Handreichungen für sprachpädagogische Diagnostik.

Mit einem kurzen Kapitel, das Anregungen zur Unterstützung des mehrsprachigen Erwerbs gibt, endet dieses Buch.

Sie werden während des Lesens immer wieder Anregungen zur Vertiefung und Übung finden, mit deren Hilfe Sie das Gelesene reflektieren und die gewonnenen Kenntnisse anwenden können. Am Ende des Buches erhalten Sie zu jeder Übung Lösungshinweise.

Wir wünschen uns, dass Sie dieses Buch in Ihrer alltäglichen Praxis nutzen werden, und hoffen, dass wir so gemeinsam unseren Beitrag dazu leisten können, dass jedes Kind seine Mehrsprachigkeit entwickeln kann.

März 2022
Solveig Chilla, Monika Rothweiler und Ezel Babur

1 Der Erwerb mehrerer Sprachen

1.1 Die Erwerbsaufgabe

Monika Rothweiler

Der Erwerb einer Sprache bedeutet mehr als Wörter zu lernen oder Sprache als System sozial-kommunikativer Verhaltensweisen zu erfassen. Sprache erwerben heißt ganz zentral, das strukturelle Regelsystem dieser Sprache zu erschließen. Sprache lässt sich anhand verschiedener Ebenen betrachten: das Lautsystem (*Phonetik/Phonologie*), die Regeln zur Wortbildung (*Morphologie*), die Regeln zur Bildung von Äußerungen, Sätzen oder auch von Texten (*Syntax*), die Bedeutungsebene (*Semantik*) und die Ebene der sprachlichen Handlungen (*Pragmatik*). Die Komponente der Semantik beschäftigt sich nicht nur mit der Bedeutung von Wörtern, sondern auch von Sätzen und Texten und ist eng mit dem kognitiven System verbunden. Wie wir Sprache verwenden und sprachlich handeln (*Pragmatik*), hängt eng mit der sozialen und kommunikativen Kompetenz zusammen. Alle sprachlichen Ebenen sind regelgeleitet und diese Regeln müssen im Spracherwerbsprozess erworben werden.

Eine für den Spracherwerb wichtige Komponente ist das mentale Lexikon. Jeder Eintrag im *mentalen Lexikon* (das können Wörter, Flexive oder Morpheme sein) enthält Informationen zu jeder der oben beschriebenen Sprachebenen. Diese Vernetzungen, also der Aufbau des mentalen Lexikons für die jeweilige Sprache, ist die Kernaufgabe des Spracherwerbs. Diese Vernetzungen betreffen die lautliche Form des Wortes (Phonologie), seine Bedeutung (Semantik), grammatische Eigenschaften des Wortes wie z. B. die Wortart, irreguläre Flexionseinträge oder die Argumentstruktur bei Verben. Auch pragmatische Informationen über die Verwendung eines Wortes gehören dazu. Das Wort „Schwein" kann z. B. als Schimpfwort verwendet werden, das Wort „Pferd" hingegen eher nicht.

Exemplarischer Lexikoneintrag für das Wort Haustür
1 Phonetisch-phonologische Form
[haos.ty:r]
(phonologische Form + Silbengrenzen + Wortakzent)
2 Morphologische Eigenschaften + interne Struktur
komplexes Wort / Kompositum N + N
Genus- und Pluraleintrag
Haustür {G = f; Pl = + en}
3 Syntaktische Eigenschaften
Lexikalische Kategorie: Nomen
4 Semantische Repräsentation (= Bedeutung und Referenz)
[+konkret], [belebt] ...
bezieht sich auf eine Unterkategorie von TÜR

Das Lexikon und die dort gespeicherten Informationen interagieren mit den anderen Komponenten von Sprache. Die Syntaxkomponente beispielsweise legt fest, wie Sätze und kleinere syntaktische Einheiten (z. B. Nominalphrasen wie „der große Fisch“, s. o.) im Deutschen aussehen müssen.
Die Satzstruktur lässt sich im *Modell der Topologischen Felder* beschreiben (vgl. Tab. 1). Dieses Modell bildet zentrale syntaktische Eigenschaften des Deutschen ab. An dieser Stelle kann auch nur ein kleiner Ausschnitt des Modells präsentiert werden. Das Modell verdeutlicht, dass alle Sätze, auch Fragevarianten, einer gemeinsamen Grundstruktur folgen.

Das Modell erfasst und verdeutlicht noch weitere syntaktische Eigenschaften deutscher Sätze. So darf z. B. im Vorfeld nur genau ein Satzglied stehen. Welches Satzglied das ist, kann die SprecherIn frei entscheiden, und diese Entscheidung richtet sich nach pragmatischen Anforderungen. Soll also das Objekt oder ein Adverbial vorne sein, muss das Subjekt hinter dem Verb stehen, denn in der Position vor dem finiten Verb ist kein Platz mehr. Die Verbklammerpositionen sind ebenfalls definiert. So darf in der linken Verbklammer nur ein finites Verb stehen, also ein Verb, das in den grammatischen Merkmalen Person und Numerus mit dem Subjekt kongruiert, in der rechten Verbklammer hingegen finden verbale nicht-finite Elemente (und auch finite, nämlich im Nebensatz) Platz. Ist ein Satz eine Aufforderung oder eine Entscheidungsfrage, bleibt die Position vor dem finiten Verb unbesetzt.

Tab. 1: Grundstruktur eines Satzes

Vorfeld	linke Verbklammer	Mittelfeld	rechte Verbklammer
Der Lehrer	hat	das Mädchen	gelobt.
Das Mädchen	hat	der Lehrer	gelobt.
Wen	hat	der Lehrer	gelobt?
	Hat	der Lehrer das Mädchen	gelobt?

Ein konkreter Satz oder Teilsatz entsteht, wenn das lexikalische Element in die syntaktische Struktur des Deutschen gefüllt wird. Der konkrete Satzbauplan ergibt sich dann durch die Wahl des Verbs. Das gewählte Verb legt fest, wie viele Argumente im Satz realisiert sein können oder müssen (*Valenz*), es legt die semantischen Rollen dieser Argumente fest (*Agens* oder *Patiens*) und die Form der syntaktischen Realisierung dieser Argumente (z. B. Nominalphrase im Akkusativ). Diese Informationen gehören zum Lexikoneintrag eines Verbs, sie bilden die Argumentstruktur. Die Syntax legt demnach generelle Gesetzmäßigkeiten deutscher Sätze fest, aber erst die syntaktischen Informationen, die das Verb als Lexikoneintrag mitbringt, führen zur Umsetzung eines Satzbauplans, bis hin zur Kasusmarkierung der möglichen Objekte. An der Entstehung eines Satzes sind neben Lexikon und Syntax auch die Entscheidung darüber beteiligt, ob der Satz eine Frage oder ein Aussagesatz sein soll. Welches Satzglied zum Beispiel ins Vorfeld kommt, wird pragmatisch gesteuert.

Die Wissenschaft diskutiert seit langem und immer noch anhaltend über die Frage, wie viel und welche Anteile der Spracherwerbsfähigkeit angeboren sind. Grundsätzlich müssen Spracherwerbstheorien Erklärungen anbieten. Eine reine Beschreibung der beobachtbaren Phänomene ist wichtig, liefert aber noch keine Theorie über den Spracherwerb.

Spracherwerbstheorien müssen erklären, wieso Kinder so schnell und effizient Sprache erwerben und wieso ihnen das auf der Basis eines Sprachangebots gelingt, das alles andere als perfekt ist. Spracherwerbstheorien bieten Erläuterungen dafür an, wie Kinder Regeln erwerben, die ihnen niemand erläutert, und sie berücksichtigen, dass Kinder weitgehend unempfänglich für explizite Korrekturen sind. Sie nehmen auf, dass der Erwerb einer Sprache – trotz vieler individueller Unterschiede – überindividuellen Mustern folgt und bestimmte Erwerbsabfolgen generell beobachtbar sind. Eine weitere Herausforderung für eine Spracherwerbstheorie ist, dass sich der Erwerb von Sprache im Kindesalter vom Erlernen einer Sprache im Erwachsenenalter grundlegend unterscheidet.

Weiterhin ist die Beobachtung von Bedeutung, dass der Erwerb eines sprachstrukturellen Systems weder an die Fähigkeit zu hören gebunden ist, noch in einem direkten Zusammenhang zur Intelligenz eines Menschen steht.

Die zentrale Frage der Diskussion um den Spracherwerb ist dabei, ob menschliche Sprache eine grundlegende Struktur hat, die zur genetisch determinierten Ausstattung des Menschen gehört und sich von generellen kognitiven Fähigkeiten unterscheidet.

Menschenaffen beispielsweise können in einem begrenzten Umfang sprachliche Symbole erwerben. Zu den wesentlichen Unterschieden der Sprache bei Menschenaffen und Menschen gehört, dass Affen die gelernten Symbole nur sehr selten zur spontanen Produktion nutzen und damit Kommunikation initiieren. Sie kombinieren zwar gelegentlich Symbole zu Aussagen, diese Aussagen sind aber auf der Ebene „Apfel Maria geb“ anzusiedeln. Eine Grammatik erwerben Affen nicht und – was noch viel wichtiger ist – sie erwerben sprachliche Symbole nicht spontan, man muss sie ihnen beibringen.

Das ist bei menschlichen Kindern anders: Spracherwerb vollzieht sich spontan und gelingt im Normalfall scheinbar mühelos. WissenschaftlerInnen, die sich mit der Frage nach dem Spracherwerb beschäftigen, haben für die Erklärung des Vorganges – teilweise sehr unterschiedliche – Theorien entwickelt. Noam Chomsky oder Steven Pinker vertreten den Ansatz, dass der Erwerb einer Sprache und deren Grammatik, angeborenen Prinzipien folgt. Sie nennen das eine „Language Making Capacity“. Diese Spracherwerbstheorie wird Nativismus genannt. Michael Tomasello versucht, Spracherwerb als Ergebnis der Verarbeitung von Inputinformationen mit Hilfe sozial-interaktiver Fähigkeiten und vor allem generellen kognitiv-funktionalen Verarbeitungsprozessen zu erklären. Seine Spracherwerbstheorie ist also keine nativistische, sondern eine sozialpragmatische.

Epigenetische Ansätze versuchen, das Zusammenspiel von angeborenen und Umgebungsfaktoren stärker zu berücksichtigen. Spracherwerb wird von EpigenetikerInnen als ein komplexer Prozess verstanden, in dem sich das System immer wieder durch die Interaktion von Innen und Außen verändert. Nur in Wechselwirkung von genetischer Ausstattung des Kindes, den Reifungsprozessen im Gehirn und der äußeren Umwelt werden neue Strukturen ausgebildet (Elman et al. 1996).

Gemein ist den Ansätzen die Annahme, dass Spracherwerb humanspezifisch sei (woraus nicht zwangsläufig folgt, dass sprachspezifische Erwerbsmechanismen angenommen werden), dass im Verlauf des Spracherwerbs kognitive Reifungsprozesse eine Rolle spielen und dass Spracherwerb ohne ein sprachliches Angebot (*Input*) nicht möglich sei.

Die Unterschiede liegen in der Gewichtung dieser Aspekte und auch darin, für welche sprachlichen Domänen (z.B. Wortschatz oder Wortstellung) welche Annahmen gemacht werden. Die Hauptkontroverse bezieht sich vor allem auf den Erwerb des sprachstrukturellen Bereichs, auf die Grammatik; weit weniger Auseinandersetzungen gibt es über den Erwerb von Wörtern.

Der Theorienstreit in der Spracherwerbsforschung soll und kann hier nicht vertieft dargestellt werden – das Thema bleibt anderen Büchern vorbehalten. Einen guten Überblick bieten Schöler (2020) und Szagun (2019).
Im Folgenden soll zunächst in einem groben Überblick der Verlauf des Erstspracherwerbs skizziert werden.

1.2 Erstspracherwerb: Ein Überblick

Es gibt zwei Aha-Erlebnisse von Eltern, die sie bei Eintritt ihrer Kinder in die Welt der Sprache und des Sprechens haben. Das erste Erlebnis haben sie in dem Moment, in dem sie das erste Mal den Eindruck haben, ihr Kind versteht, was sie sagen. „Schau mal, da ist eine Katze!" und das Kind wendet den Kopf, schaut in die Richtung, in die der Vater zeigt, und reagiert interessiert oder gar aufgeregt. Das zweite Erlebnis ist das erste vom Kind gesprochene Wort, vielleicht „Mama". In beiden Fällen können die Eltern richtig liegen oder auch falsch. Im ersten Fall kann es sein, dass das Kind einfach der Aufmerksamkeit des Vaters und der Zeigegeste folgt. Man nennt das auch „Joint Attention", also gemeinsame oder geteilte Aufmerksamkeit. Dieses Verhalten wird schon bei Kindern im Alter von sechs Monaten beobachtet und ist eine wichtige Voraussetzung für den Erwerb von Wörtern, insbesondere für Objektwörter. Ob das Kind aber tatsächlich das Wort „Katze" verstanden hat, ist fraglich – aber vielleicht hat es einen wichtigen Schritt zum Erwerb dieses Wortes getan.

Diese Frage kann man prüfen, in dem man ein Experiment durchführt. Man setzt kleine Kinder auf den Schoß der Mutter, präsentiert ihnen rechts und links alternative Bilder und ein Wort zu diesen Bildern, und schaut, wohin sich das Kind wendet. Mit solch einer „Head Turn Preference"-Anordnung kann man z.B. testen, ob Kinder ein neues Wort tatsächlich auf ein unbekanntes Objekt beziehen. Was sie tatsächlich tun, schon vor Abschluss des zweiten Lebensjahres, aber noch nicht mit sechs Monaten. Bei sehr kleinen Kindern, Babys, kann man mit Nuckelexperimenten arbeiten. Hierzu wird ein Schnuller mit Sensoren verkabelt, welche die Nuckelfrequenz messen. Ausgehend von der Beobachtung, dass alles, was das Interesse des Kindes weckt, mit einer verstärkten Saugaktivität einhergeht, kann man so die Aufmerksamkeit von Babys an der Nuckelfrequenz messen. Dazu gibt man z.B. einen lautlichen Reiz vor, wie „ba-

bababa“ usw., bis es dem Kind langweilig wird und die Nuckelrate sinkt. Nun kann man (über digitale Modifikation) aus dem „bababa“ ganz allmählich ein „papapapa“ werden lassen und messen, bei welchen Frequenzen das Kind den Unterschied zwischen einem /b/ und einem /p/ hört. Sobald der Laut von dem Kind als anders, nämlich als /p/, wahrgenommen wird, steigt die Aufmerksamkeit und damit die Nuckelfrequenz.

So kann man also schon mit Babys, die nur wenige Monate alt sind, untersuchen, ob sie verschiedene sprachliche Laute wahrnehmen können. Tatsächlich unterscheiden sie schon im Alter von einem Monat viele verschiedene Laute. Das ist deshalb von Bedeutung, weil Kinder zu Beginn der Lallphase mit etwa sechs Monaten eigentlich alle Laute, die in Sprachen vorkommen, produzieren. Bis zum Ende der Lallphase aber, also nach zehn Monaten, haben sie dieses Inventar weitgehend auf die Laute reduziert, die auch für die Sprache relevant sind, die sie erwerben. Unwichtige Lautoptionen werden nicht nur aus dem produktiven Inventar aussortiert, in dieser Phase verändert sich auch die Wahrnehmungsfähigkeit für Lautkontraste. Viele Kontraste (aber nicht alle), die in der Zielsprache nicht relevant sind, werden nach dem ersten Lebensjahr nicht mehr wahrgenommen. Dieses Aussortieren unwichtiger Lautoptionen kann nur gelingen, wenn die relevanten Unterschiede für die eigene Sprache wahrgenommen werden. Das betrifft Laute, Silbenstrukturen und Betonungsmuster.

Bezüglich des zweiten möglichen Missverständnisses: Sagt das Kind irgendwann „Mama“, dann kann es einfach eine typische Silbenfolge in der Lallphase sein, die aber von der Mutter mit Begeisterung als erstes Wort interpretiert wird. Dies wiederum kann den Erwerb des ersten Wortes vorantreiben, sodass „Mama“ vielleicht wirklich das erste gesprochene Wort wird, eine Lautkette, die sich eindeutig auf einen Referenten bezieht.

Etwa im Alter von einem Jahr produzieren Kinder ihre ersten Wörter. Mit etwa 18 Monaten hat sich der produktive Wortschatz auf etwa 50 Wörter erweitert und der rezeptive Wortschatz kann bis zu 250 Wörter umfassen. Bis zu diesem Alter sind Wörter holistische Einheiten, die Aussprache ist bei vielen Wörtern noch abweichend von der Zielsprache, viele Äußerungen beziehen sich eher auf Situationen als auf Kategorien und dienen eher als handlungsbegleitende Äußerungen und nicht als Wörter im eigentlichen Sinn. Einige Monate lang haben Eltern also die Chance, den gesamten kindlichen Wortschatzerwerb zu dokumentieren.

Wenn der Wortschatz auf etwa 50 Wörter angestiegen ist, können Kinder den nächsten Entwicklungsschritt begehen. Das Kind entdeckt das *syntaktische Prinzip* – Wörter können nun zu Zwei- und Dreiwortsätzen zusammengefügt werden. Zur gleichen Zeit beginnt der *Wortschatzspurt* und das Kind erwirbt täglich neue Wörter. Verschiedene sprachliche Entwicklungsschritte treffen hierbei aufeinander. Dazu gehört auch der Ausbau der artikulatorischen Fähigkeiten und damit verbunden Fortschritte in der phonologischen Entwicklung.

Wenige Monate später, etwa zum zweiten Geburtstag, ist der Wortschatz umfangreich genug (200–300 Wörter), um Flexive zu identifizieren und erste Funktionswörter als lexikalische Einheiten zu erkennen. Erst über die Verwendung von Wörtern im Satz können Wortarten unterschieden werden. Mit etwa zwei Jahren hat das Kind alle Voraussetzungen, um das grammatische System auszubauen und seinen Wortschatz rasch zu vergrößern.

BEISPIEL

Beispiel 1

Simone (S), 2;01 und Max (M, Vater) kneten eine Puppe.
M: „Solln wer mal n bisschen an der Tafel malen?"
S: „ja." S geht zur Tafel hin und nimmt Kreide.
S: „mein. is maxe auch." S gibt M die Knetfigur.
S: „puppa habe. maxe auch puppa habe."
M: „Danke!"
S: „mone auch puppa habe. mone auch balla. puttemacht."
(Miller 1979, MacWhinney 2000)

Der Transkriptausschnitt von Simone stammt genau aus dieser wichtigen Entwicklungsphase im Übergang vom zweiten zum dritten Lebensjahr. Tracy (1991) beschreibt Entwicklungsstadien in der grammatischen Entwicklung als Meilensteine, Clahsen (1988) als Phasen. Phase I bzw. Meilenstein 1 beschreibt den Entwicklungsabschnitt der Einwortäußerungen. Die meisten Wörter in dieser Phase sind Nomen oder Partikel wie „weg" oder „ab", die als Verbvorläufer gelten können, sowie sozial-pragmatische Wörter wie „ja", „nein" und „aua". Verben, Adjektive und Funktionswörter fehlen zunächst weitgehend.

Vom dritten Lebensjahr an bis ins vierte hinein durchläuft der Grammatikerwerb nun verschiedene Phasen. Am Ende dieser Zeit, spätestens mit Abschluss des vierten Lebensjahres, hat das Kind die Satzstruktur und weitere morphosyntaktische Eigenschaften des Deutschen erworben und kann sogar Nebensätze bilden.

Phase II und Meilenstein 2 werden mit der Entdeckung des syntaktischen Prinzips erreicht. Die zweijährige Simone aus dem Beispiel oben ist genau in dieser Phase. Es zeigt sich, dass Funktionswörter wie Artikel oder Auxiliare noch vollständig fehlen. Verben sind noch nicht korrekt flektiert, sie kongruieren nicht mit dem Subjekt. Viele Kinder stellen in dieser Phase des Spracherwerbs Verben an das Ende des Satzes.

Mit Erreichen des Meilensteins 3 nach Tracy oder Phase III nach Clahsen treten vermehrt Sätze mit finiten Verben auf. Zunächst meist Modalverben und Verben, die mit -t in der 3. Person Singular flektiert werden. Die Sätze haben oft schon die korrekte Verbstellung für den deutschen Hauptsatz (SVX – Subjekt – Verb – weiteres Satzglied), doch daneben finden sich noch viele Verbendstellungssätze. Im Alter von 2;04 hat Simone den Meilenstein 3 bzw. den Übergang von Phase III zu IV erreicht.

BEISPIEL

Beispiel 2

Simone (S), 2;04, sitzt mit Max (M, Vater) und anderen am Esstisch.
S: „heiß is das."
M: „Was is heiß?"
S: „des/des is heiß."
M: „Die Kaffeekanne. Ne?"
S: „ja."
M: „Manchmal is die heiß. Ne?"
S: „will nich mehr mehr esse."
M: „Was is, Mone?"
S: „ich will nich mehr esse."

Der Übergang in die Phase V oder das Erreichen des Meilensteins 4 ist gekennzeichnet durch das Auftreten von Nebensätzen, den Ausbau des Kasussystems sowie den vollständigen Erwerb der Subjekt-Verb-Kongruenz (SVK). Verbzweitstellungssätze (V2) sind die Regel und die Verbklammer mit finitem und nicht-finitem Verb in einem Satz wird genutzt. Ergänzungsfragen mit Frage-Pronomen werden gebildet. Gegen Ende dieser Phase treten erste eindeutige Kasusmarkierungen für Nominativ und Akkusativ auf. Zugleich werden Funktionswörter wie Artikel, Auxiliare oder Präpositionen nicht mehr ausgelassen. Ein halbes Jahr nach dem letzten Transkriptausschnitt hat Simone diese Phase sicher erreicht, wie der folgende Dialog belegt.

BEISPIEL

Beispiel 3

Simone (S), 2;10 und Max (M, Vater) betrachten das Bilderbuch von Peter mit der Gans.
S: „der peter weint ganz doll. der peter weint da."
M: „Warum weint'n der Peter so?"
S: „weil er ganz dolle weint. wo die/die elle/wo die ente is."
M: „Warum weint der?"
S: „weil die ente weg is."
M: „Die is weg?"
S: „mhm. die wird geschlachtet. puttemacht."

Übung 1

Analysieren Sie in den drei Transkriptausschnitten die Verbstellung und beschreiben Sie die Fortschritte im Erwerb der Verbstellung, die Simone innerhalb ihres dritten Lebensjahres vollzieht.

Nachfolgend werden die Entwicklungen im Spracherwerbsprozess im Detail nach sprachlicher Ebene geordnet besprochen, beginnend mit der grammatischen Entwicklung. Die Variation der Geschwindigkeit, mit der einsprachige Kinder die grammatischen Entwicklungsstufen durchlaufen, ist groß. Es gibt Kinder, die schon kurz nach ihrem zweiten Geburtstag Phase V/Meilenstein 4 erreichen und subordinierende Konjunktionen wie „weil" und „wenn" verwenden. Andere Kinder produzieren ihre ersten Nebensätze erst nach dem dritten Geburtstag. Infinitivsätze und Passivkonstruktionen werden häufig erst nach Eintritt in die Schule erworben.

Parallel zum Erwerb der Satzstruktur werden morphologische Markierungen erworben, dazu zählen die Verbflexion (mit den Merkmalskategorien Numerus, Person, Tempus und Modus) sowie im nominalen Bereich die Kasusflexion, Genusformen und Pluralmarkierungen. Der Erwerb der Kasusmarkierungen beginnt mit der Unterscheidung von Nominativ und Akkusativ, sobald Artikel verwendet werden. Dabei werden zunächst Nominativformen auf Akkusativ- und gelegentlich auf Dativkontexte übergeneralisiert. Akkusativ wird dann vor Dativ markiert und auch hier kommt es zu Übergeneralisierungen der Akkusativform. Das gleiche gilt für den Erwerb des Kasussystems. Dativ und Genitiv sind nicht selten erst in Klasse 2 sicher erworben. Der Numerus wird früh korrekt am Artikel angezeigt. Langwieriger ist der Erwerbsprozess für Genusmarkierungen (an Artikeln und Pronomen) und für Pluralmarkierungen am Nomen. Sowohl das Genus als auch die Pluralform sind lexikalische Informationen, die zu Nomen gehören. Für beides gibt es im Deutschen Muster, die sich nach morphophonologischen Eigenschaften von Nomen richten, aber klare Gesetzmäßigkeiten, welche die jeweils korrekte Genuskategorie und Pluralflexion sicher vorhersagen ließen, gibt es kaum. Dreijährige machen trotzdem nur noch wenige Äußerungen, die von der Erwachsenensprache abweichen und daher als „Fehler“ wahrgenommen werden.

Typische entwicklungsbedingte Abweichungen beim Erwerb der Pluralflexion sind Übergeneralisierungen. Viele Kinder entscheiden sich dafür, **ein** Pluralflexiv als reguläres Flexiv zu nutzen (-n **oder** -s **oder** -e) und setzen dies stets ein, wenn sie die korrekte Pluralform noch nicht kennen. So produziert Simone „Manns“, „Mutters“ und „Biers“ als Pluralformen. Übergeneralisierungen von Plural- und auch von Partizipformen kommen noch bei Fünfjährigen vor. Mit dem Ausbau des Lexikons werden sie immer seltener.

Um Flexive zu erwerben und Flexionsparadigmen aufzubauen, muss das Kind eine Reihe von Spracherwerbsaufgaben lösen: Es muss Flexive isolieren und grammatische Merkmalskategorien erkennen (wie Numerus oder Kasus), es muss isolierte Flexive mit grammatischer Bedeutung belegen (-st trägt die grammatischen Merkmale 2. Ps. Sg.), es muss Regeln für reguläre Flexion entdecken (gemacht, s. o.) und es muss irreguläre Formen mit der korrekten grammatischen Bedeutung verbinden. Hier treffen lexikalischer und grammatischer Erwerb aufeinander.

Wie erschließen sich Kinder das Verbflexionsparadigma des Deutschen? Stellen Sie sich vor, die einzige Form des Verbs „kommen“, die Sie kennen, ist die Form „kommt“. Da Sie es stets mit Subjekten in der 3. Ps. Sg. hören und damit die Information 3. Ps. Sg. jeweils bereits durch das Subjekt vermittelt wird, gibt es für Sie keinen Grund anzunehmen, dass „kommt“ in zwei Bestandteile, also „komm-“ und „-t“, aufgegliedert werden könnte. Wenn Sie dann die Form „kommen“ für die 3. Ps. Pl. dazu erwerben, gibt es noch immer keinen Grund für eine interne Analyse von „kommt“ und „kommen“. Es reicht, wenn Sie nun erschließen, dass diese beiden Formen in unterschiedlichen grammatischen Kontexten vorkommen: Die eine Form mit Singularsubjekten, die andere mit Pluralsubjekten. Erst wenn Sie noch ein zweites derartiges Wortformpaar zum Vergleich dazu nehmen, also „malt“ und „malen“, könnten Sie die Formen so kontrastieren, dass Sie zwei Flexive und zwei Verbstämme isolieren können, wie Tabelle 2 illustriert. Die Tabelle zeigt nicht, in welcher Reihenfolge Kinder das Verbflexionsparadigma aufbauen, aber sie verdeutlicht, dass das Kind wie ein kleiner Strukturalist Formen vergleichen und kontrastieren muss (Bittner 2000; Penke 2006; Pinker 1984). Zugleich erschließt es die grammatische Bedeutung der Flexive.

Tab. 2: Kontraste und Dimensionen im Verbflexionsparadigma (Präsens)

	3. Person Singular	**3. Person Plural**
Verb 1	er/sie/es komm–t	sie komm–en
Verb 2	er/sie/es mal–t	sie mal–en

Das Kind muss also über ein Inventar an holistisch gespeicherten Verbformen verfügen, diese analysieren und kontrastieren, bevor es ein Paradigma aufbauen kann. Wie groß dieses Inventar sein muss und ob es eine kritische Masse gibt („Critical Mass“ Marchman / Bates 1994), ist nicht sicher, auch wenn solch ein Zusammenhang intuitiv plausibel ist.

Bereits von Anfang an gibt es große Unterschiede zwischen den Kindern. Das betrifft die Geschwindigkeit des strukturellen Ausbaus, die artikulatorischen Fertigkeiten und den Wortschatz. Im Alter von sechs Jahren etwa verstehen Kinder zwischen 9.000 und 14.000 Wörter und ihr produktiver Wortschatz umfasst 3.000 bis 5.000 Wörter. Und selbst das sind nur Annäherungswerte.

Eine Gruppe von Kindern – etwa 10 % bis maximal 15 % – erreicht das oben beschriebene, für die weitere Sprachentwicklung so relevante 50-Wort-Stadium nicht bis zum Abschluss des zweiten Lebensjahres. Diese Kinder werden als „Late Talkers“ bezeichnet. Wenn sie zwei Jahre alt werden, umfasst ihr produktiver Wortschatz weniger als 50 Wörter und / oder sie haben das syntaktische Prinzip noch nicht entdeckt – bilden also noch keine Mehrwortäußerungen. Diese Kinder gelten als Risikokinder, denn bei etwa der Hälfte von ihnen wird sich in der späteren Sprachentwicklung eine Sprachentwicklungsstörung zeigen. Die andere Hälfte schließt bis zum Abschluss des dritten Lebensjahres wieder an die Gruppe der sprachunauffälligen Kinder an. Diese Kinder nennt man „Late Bloomers“.

Der Erwerb von Satzstruktur und von Flexionsformen und -paradigmen bildet den Kern des grammatischen Erwerbs. Zugleich wird bis zur Mitte des vierten Lebensjahres das Lautinventar weiter vervollständigt (manche Kinder erwerben die „ch“- und „sch“-Laute erst im fünften Lebensjahr) und das phonologische Regelsystem aufgebaut (Fox 2003).

Der phonologische Erwerb ist geprägt durch phonologische Prozesse, die systematische Abweichungen der kindlichen Lautproduktion vom Erwachsenensystem beschreiben. Dazu gehört beispielsweise das Auslassen unbetonter Erstsilben, sodass aus „Banane" „nane" oder aus „gemacht" „macht" wird. Diese Prozesse sind einerseits darin begründet, dass das Kind im zweiten und dritten Lebensjahr seine artikulatorischen Fähigkeiten noch verfeinern muss, und zum anderen darin, dass das phonologische System erst nach und nach relevante phonemische Oppositionen, Silbenstrukturen und phonotaktische Regeln, also Regeln für mögliche Lautkombinationen, ausdifferenziert. Ein Beispiel: Die velaren Plosive /g/ und /k/ werden deutlich später erworben als die alveolaren Plosive /d/ und /t/ und die *bilabialen Plosive* /b/ und /p/. Das kann dazu führen, dass Wörter wie „Gold" oder „Katze" in der kindlichen Aussprache zu „Dold" und „Tatze" werden. Die Plosive werden also weiter vorn im Mund gebildet, man nennt diesen Prozess Vorverlagerung. In der Regel ist dieser Prozess artikulatorisch (phonetisch) begründet, d.h. das Kind kann das /k/ noch nicht aussprechen, aber sehr wohl von /t/ unterscheiden. Dies lässt sich leicht zeigen, wenn Sie das Kind auffordern, zwei Bilder mit einer Katze und einer Tatze zu unterscheiden. Kann das Kind aber tatsächlich den phonemischen Kontrast zwischen /t/ und /k/ nicht wahrnehmen, dann liegt die Ursache für den phonologischen Prozess der Vorverlagerung im kindlichen phonologischen System. Kennt es den Unterschied, dann kann es das /k/ noch nicht artikulieren. Die meisten phonologischen Prozesse sind bis zum vierten Geburtstag vollendet, nur Konsonantencluster (wie in „**spr**ingen") werden von manchen Kindern auch noch im fünften Lebensjahr vereinfacht.

Der lexikalische Erwerb wird ab Mitte des zweiten Lebensjahres enorm beschleunigt. Bis zu zehn neue Wörter erwirbt es pro Tag. Wie schafft das Kind es, so schnell viele neue Wörter zu lernen? Es hört ein Wort einmal, zweimal und schon hat es eine erste – wenn auch unvollständige – Repräsentation für dieses Wort aufgebaut. Dieser Prozess wird „Fast Mapping", schnelles Abbilden, genannt (Carey 1978). Meist reicht diese erste Repräsentation nicht aus, um das Wort zu produzieren, aber sie reicht zur Wiedererkennung. Nur so kann die lexikalische Repräsentation jedes Mal weiter aufgefüllt werden, wenn das Kind dieses Wort in einem neuen Kontext hört. Dieser Abbildungsprozess wird durch bestimmte Beschränkungen gesteuert, die es dem Kind erleichtern, einer einmal isolierten Wortform eine Bedeutung zuzuordnen.

Woher soll ein Kind wissen, dass mit „Tasse" tatsächlich der Gegenstand gemeint ist, den wir damit bezeichnen? Warum sollte sich „Tasse" nicht auf die Form, die Farbe, die Funktion oder auf den Henkel beziehen? Diese Zuordnung kann das Kind nicht allein daraus ableiten, dass der Erwachsene, mit dem es gerade kommuniziert, seine Aufmerksamkeit auf dasselbe richtet wie das Kind („Joint Attention", also gemeinsame oder geteilte Aufmerksamkeit, vgl. Kapitel 1.2.). Markman (1989) formulierte solche Beschränkungen oder Annahmen über die Beziehung von Wort und Referenz. So nimmt das Kind an, dass ein neues Wort ein Name für einen Gegenstand ist („Whole Object Assumption“). Es geht davon aus, dass sich ein neues Wort auf etwas bezieht, für das es noch kein Wort gelernt hat („Mutual Exclusivity Assumption“).

Solche Annahmen helfen gerade in den ersten Jahren, die Hypothesen über mögliche Bezüge und Bedeutungen einzugrenzen, nämlich dann, wenn in den Äußerungen der Erwachsenen mehr unbekannte als bekannte Wörter vorkommen. Im fortschreitenden Erwerb muss sich das Kind von diesen Annahmen verabschieden: Mit dem Wort „Tier“ kann ich mich in einer bestimmten Situation genauso auf den Hund beziehen wie mit dem Wort „Hund“. Möchte ich das Tier oder den Hund näher beschreiben, müssen Wörter für Farben, Formen und Funktionen gelernt werden. Je umfangreicher der Wortschatz eines Kindes wird, desto weniger unbekannten Wörtern begegnet es und desto besser gelingt es dem Kind, lexikalische Informationen für neue Wörter aus dem Kontext zu erschließen. Der Bedeutungserwerb von Lexemen kann eine geraume Zeit in Anspruch nehmen, wenn es sich um Bedeutungen handelt, die eine bestimmte kognitive Entwicklung voraussetzen. Das gilt besonders für Wörter, die sich auf mentale Prozesse und Zustände beziehen und eine entwickelte „Theory of Mind“ voraussetzen.

DEFINITION

Mit „Theory of Mind“ wird die Fähigkeit bezeichnet, Annahmen über die Bewusstseinsvorgänge anderer machen zu können. Diese Fähigkeit entwickelt sich im vierten und fünften Lebensjahr. Erst in diesem Alter – und bei manchen Konzepten noch später – werden alle Bedeutungskomponenten von Wörtern wie „Mut“ erfasst (Szagun 1983).

Denken jüngere Kinder noch, „Mut“ bedeute, keine Angst zu haben, erschließen sich Kinder im Schulalter den Bedeutungsaspekt „Angst überwinden“. Der Ausbau des mentalen Lexikons, also die Ausdifferenzierung semantischer Einträge und der Erwerb neuer Wörter, dauert bis ins Schulalter, und genau genommen enden diese Prozesse nie. Auch Erwachsene erweitern ihren Wortschatz ständig.

Dieser kurze Überblick über den Erstspracherwerb spricht wichtige Elemente des Spracherwerbs, wie Wortschatz- und Grammatikentwicklung, an, die für die Betrachtung kindlicher Mehrsprachigkeit von Bedeutung sind. Sie bilden einen wichtigen Vergleichshintergrund für den Erwerb des Deutschen als zweite Sprache. Viele Aspekte der Sprachentwicklung wie der Erwerb von Funktionswörtern wie Präpositionen, Konjunktionen, Fragewörtern sowie reflexiver Pronomen, der Erwerb von Modalpartikeln, der Erwerb von Passiv- und Infinitivkonstruktionen, der Erwerb der Semantik und Pragmatik von quantifizierenden Ausdrücken, die Entwicklung von Satzsemantik und der Aufbau pragmatischer Regularitäten werden erst im Grundschulalter vollständig erworben (Tracy 2005).

Vorsicht vor dem „Muttersprachler"!

In vielen Veröffentlichungen wird immer noch von „Muttersprachler" gesprochen, wenn es um die Beschreibung des Spracherwerbs Monolingualer geht oder wenn Kinder charakterisiert werden sollen, die in ihrer Familie eine andere Sprache als Deutsch sprechen: „Sie hat ja Serbisch als Muttersprache!"

Als "native speaker" fasst man in der Linguistik eine Person, die als Kind eine Sprache lernt und diese kontinuierlich und flüssig als dominante Sprache nutzt (Richards / Schmidt 2013, 386). Andere Definitionen berücksichtigen auch Aspekte wie korrekte Grammatik, Identifikation mit der Sprachgemeinschaft, ein „Sprachgefühl" für das, was in der Sprache als korrekt angenommen wird, oder sprachliche Kreativität. Grundsätzlich müssen Kinder früh Kontakt zu überhaupt einer (gesprochenen oder gebärdeten) Erstsprache haben, um Sprache(n) zu erwerben. Ein Mensch muss aber nicht alle Sprachen im Kindesalter erwerben. Es gibt eine große Anzahl an Menschen, die dieselbe Sprache später im Leben gelernt haben, die flüssig sprechen und kreativ mit ihrer Sprache umgehen. Auch „Nicht-Muttersprachler" können eindeutig die Grammatikalität von Sätzen korrekt beurteilen und darüber hinaus noch kompetent von einer in die andere Sprache übersetzen (Lowe 2020; Tsehaye et al. 2021). Mehr noch, die Vorstellung eines Muttersprachlers ist politisch und ideologisch aufgeladen (vgl. Kracht 2000): sie impliziert Macht und Sprachbeherrschung und hat Konsequenzen dafür, ob sich Personen dieser Sprachgemeinschaft zugehörig fühlen (wollen) (u.a. Holliday 2009). Zum Beispiel diskutiert Bonfiglio (2010, 12), dass das Etikett „Muttersprache" in vielen Fällen nur aufgrund des Familienhintergrundes zugewiesen wird. So werden Kinder, Jugendliche und Erwachsene, die in Deutschland von Geburt an mit Türkisch und Deutsch aufgewachsen sind, nicht als muttersprachlich deutsch wahrgenommen (Tsehaye et al. 2021).

Es gibt viele einführende Artikel und Bücher zum Spracherwerb des Deutschen und zu verschiedenen Teilaspekten des Spracherwerbs, auf die wir hier nur verweisen können. Als Überblicksartikel sind zu empfehlen: Rothweiler (2007a) und Bockmann et al. (2020). Umfassende Einführungen in den Spracherwerb liegen mit Kauschke (2012) und mit dem Sammelband zur Sprachentwicklung von Sachse / Bockmann / Buschmann (2020) vor. Spezifischere Bereiche des Erstspracherwerbs behandeln unter anderem die Handbuchreihe „Spracherwerb und Sprachentwicklungsstörungen", welche von Ringmann / Siegmüller (2013ff.) herausgegeben wird, und zahllose wissenschaftliche Artikel.

1.3 Mehrsprachigkeit ist nicht gleich Mehrsprachigkeit

Ein monolingual deutschsprachiges Kind, das eine englische Kita besucht, wird von seiner Umgebung für jedes einzelne englische Wort gelobt und ermutigt. Wir erwarten nicht, dass es nach seinen ersten Monaten Kontakt zum Englischen schon genauso gut spricht, wie gleichaltrige monolinguale Kinder in Großbritannien. Kinder aus Familien mit Migrationsgeschichte, die Deutsch mit Akzent sprechen oder deren Deutsch-Kenntnisse sich in ihrem fünften Lebensjahr wesentlich von denen gleichaltriger Monolingualer unterscheiden, werden hingegen als defizitär wahrgenommen. Sie bedürfen aus der Perspektive einer monolingual nationalsprachlich geprägten Gesellschaft wie der deutschen dringend einer Sprachfördermaßnahme.

Wie lassen sich diese unterschiedlichen Erwartungshaltungen erklären? Grundlage der Bewertung von Sprachleistungen ist das Wissen um einen idealtypischen Verlauf und die Vorstellung davon, unter welchen Erwerbsbedingungen optimale Voraussetzungen für den Spracherwerb vorliegen und welche Definition von Mehrsprachigkeit zugrunde gelegt wird.

In diesem Buch werden bezüglich der individuellen Mehrsprachigkeit sowohl die spracherwerbstheoretischen Voraussetzungen als auch der Sprachgebrauch berücksichtigt. In der Linguistik besteht die Grammatik einer natürlichen Sprache aus einer Reihe von miteinander verbundenen Komponenten, die durch die Art der von ihnen generierten strukturellen Einschränkungen für die Zusammensetzung von Sätzen, Phrasen und Wörtern definiert sind und diese transformieren. Mehrsprachige verfügen über ein individuelles Sprachsystem (mentale Grammatik), das sowohl voneinander getrennte sprachspezifische als auch gemeinsame Eigenschaften der erworbenen Sprachen aufweisen kann („Integrated Multilingual Model“, MacSwan 2017).

Wird die soziale Komponente individueller Mehrsprachigkeit in den Vordergrund gerückt, wie es in vielen Veröffentlichungen aus dem pädagogischen Kontext der Fall ist, sind wir alle mehrsprachig (MacSwan 2017): In dem Sinne, in dem wir jeden Tag kompetent und oft, ohne es zu merken, zwischen verschiedenen sprachlichen Registern wechseln, verfügen wir über ein sprachliches Repertoire, aus dem wir uns bedienen, um in der Interaktion mit anderen effektiv zu kommunizieren (García 2012, 1).

„Warum ist es schön mit dem anderen skaten zu gehen?

Paul: Marlon ist genauso motiviert wie ich. Wenn er gerade mal nicht skaten ist, dann fährt er durch die Gegend und sucht nach neuen Spots oder macht sich Gedanken, was an altbekannten Spots noch für Dinger offen oder machbar sind.
Marlon: Pauli ist immer motiviert, ruhig und unkompliziert, was jede Session angenehm macht, da man einfach besser zum Skaten kommt und nicht erst noch über Spots etc. diskutiert. Es wird gemacht, was wer im Kopf hat.
(...)
M: Bisher ist das noch nicht passiert, mal schauen, was 2015 so bringt. Wollen beide das Bowl fahren mal auffrischen. Vielleicht staut sich in der Schüssel ja was an... Wir berichten.
Wer spricht besser bayrisch?
P: Ich hab den Marlon noch nie bayrisch sprechen hören. Ich glaub auch nicht, dass er es kann. Wäre aber lustig wenn doch. Von mir selber kann ich nur sagen, dass mein Bayrisch tadellos ist. Mia koanst no a Weißbier bringaa!
M: I woas ned!? Haben beide kein urbayrisches Elternhaus. Aber ich bin gebürtiger Münchner!“
(zitiert aus Skateboard (2015): Buddy Interview)

John Gumpertz hat 1964 den Begriff des „verbalen Repertoires“ geprägt. So wird der Tatsache Beachtung geschenkt, dass jede/jeder SprecherIn über mehr als eine Option verfügt, sich auszudrücken. Sprachvariation im sozialen Kontext umfasst daher die gesamte Vielfalt an Sprechstilen, Registern,

Varietäten und Sprachen, die ein Mensch nutzt, um sich in seinem sozialen Umfeld sprachlich angemessen zu bewegen. Dieses Konzept der „sozialen Sprachen" findet in pädagogische Konzepte zur Förderung sprachlicher Vielfalt Eingang und weist darauf hin, dass „Einsprachigkeit" im sozialen Sinne kaum vorhanden ist. Gee (2016) fasst zusammen: „Englisch" oder „Russisch" sind „aus einer Myriade von sozialen Sprachen" zusammengesetzt. In seinem Verständnis sind soziale Sprachen (als z.B. Register, Dialekte, Varietäten) durch bestimmte Stile, Wörter, Grammatik und Diskursregeln so geprägt, dass man in der entsprechenden Umgebung sozial angemessen sprachlich agiert (Gee 2014, 69). Die Sprache wird zu einem bestimmten Zeitpunkt durch außersprachliche Parameter, also verschiedene Faktoren, wie beispielsweise Raum, Zeit, Situation/Funktion, aber auch soziale Gruppe oder Status beeinflusst. Wenn die beiden Skateboarder im Interview ein formales, sehr schrift- oder schulsprachliches Register ohne diejenigen identitätsstiftenden Wörter genutzt hätten, die in ihrer sozialen Gruppe eindeutig sind, könnten sie ihre Glaubwürdigkeit in der Skater-Gemeinschaft verlieren. Darüber hinaus gelingt es ihnen, während eines überwiegend standardsprachlichen Interviews, in den bayerischen Dialekt zu wechseln. Unsere verbalen Repertoires umfassen also reichhaltige diverse internalisierte grammatische Konventionen, gruppenspezifische Wörter und unser Wissen über angemessenes Sprachverhalten und soziale Konventionen.

Wenn wir den sozialen Kontext in den Vordergrund rücken, sind wir alle mehrsprachig!

DEFINITION

Mehrsprachige werden in Abgrenzung zu Einsprachigen als Einzelpersonen oder als Gruppe von Menschen gefasst, die in mehr als einer/m Sprache/Modalität/Varietät/Dialekt über kommunikative Kompetenzen und unterschiedliche mündliche und/oder schriftliche Fähigkeiten verfügen. Sie können mit SprecherInnen in einer oder in mehreren Sprachen in einer Gesellschaft interagieren.

Es ist äußerst wichtig, sich stets zu vergegenwärtigen, dass die aus sprachwissenschaftlicher Forschung stammenden Modelle die Komplexität und die Dynamik mehrsprachigen Erwerbs nicht hinreichend erfassen können (Cenoz 2013). Mehrsprachige Kinder sind eine heterogene Gruppe. Jedes Kind unterscheidet sich von einem anderen in seinen Spracherfahrungen, in seinen Sprachfähigkeiten und dem Sprachgebrauch, und zwar selbst dann, wenn die Kinder dieselben Sprachen erwerben und aus derselben Familie stammen.

In der Mehrsprachigkeitsforschung werden Modelle entwickelt, die den kindlichen Erwerb möglichst genau beschreiben sollen. Dabei dominieren Studien zum Erwerb zweier Sprachen (Bilingualismus). Der eigentliche Mehrsprachenerwerb, als Erwerb von mehr als zwei Sprachen im Kindesalter, wird deutlich seltener untersucht. Die Forschung unterscheidet verschiedene Erwerbstypen, bei denen der Zeitpunkt, zu dem der Erwerb der zweiten Sprache beginnt, variiert, oder fragt, ob bereits eine oder mehrere andere Sprachen als erworben gelten können, wie lange der Kontakt zu den beiden Sprachen schon dauert und wie intensiv der Kontakt zu den beiden Sprachen ist. Auch spielt es eine Rolle, ob Kindern im weiteren Erwerbsverlauf in einer oder beiden Sprachen Zugang zur Schriftsprache und der aktive Ausbau der Sprache(n) ermöglicht wird. Insbesondere der letzte Aspekt ist für den Erbsprachenerwerb (*Heritage Language*) im Minderheitenkontext wichtig (Kap. 1.5). So ergeben sich qualitative Unterschiede in Bezug auf die Sprachleistungen, die zu einem bestimmten Erhebungszeitpunkt bewertet werden können: Welches Modell spiegelt den Erwerbsverlauf, die Erwerbsgeschwindigkeit und vor allem das Erwerbsergebnis des mehrsprachigen Kindes, dessen Sprachleistungen ich bewerten muss, am besten wider?

1.4 Der simultane Erwerb zweier Sprachen

Von simultanem Erwerb spricht man, wenn Kinder von Beginn ihres Spracherwerbs an zwei Sprachen gleichzeitig erwerben. Dazu müssen nicht beide Sprachen in der Umgebung des Kindes von Geburt an präsent sein. Es genügt, wenn der Erwerb für beide Sprachen innerhalb der ersten beiden Lebensjahre beginnt.

Der Idealfall für den simultanen Spracherwerb ist die sogenannte „One Person – One Language“-Konstellation, in der Mutter und Vater (bzw. andere Bezugspersonen) unterschiedliche Sprachen sprechen und mit dem Kind jeweils nur in ihrer Sprache sprechen (Ronjat 1913). In den meisten Fällen simultaner Bilingualität unterscheiden sich aber die Sprache der Familie und die Sprache der Gesellschaft, sodass das Kind von Beginn des Spracherwerbs an mit der Umgebungssprache in Kontakt ist. Bilinguale Kinder können früh unterscheiden, welche Sprache an sie gerichtet wird, und bevorzugen keine Sprache aktiv. Schon bei Zweijährigen kann man metalinguistische Äußerungen beobachten, die sich auf die eigene Zweisprachigkeit beziehen. Wie im Beispiel 4 nutzen kleine Kinder dabei die ihnen zur Verfügung stehenden Möglichkeiten. Kamal assoziiert seine Sprachen mit verschiedenen Situationen: Die arabische Sprache verbindet er mit „Familie".

BEISPIEL

Beispiel 4

Kamal (2;0) wächst bilingual arabisch-deutsch auf. Seine Familiensprache ist Arabisch. Kamal fliegt zum ersten Mal mit seiner Mutter nach Jordanien. An der Sicherheitskontrolle in Frankfurt wird er von einem Mitarbeiter auf Deutsch angesprochen. Kamal fängt an zu weinen. Bei der Passkontrolle am Flughafen nach Ankunft in Jordanien wird Kamal von einem Mitarbeiter auf Arabisch angesprochen. Kamal freut sich, will zu ihm auf den Arm und spricht den Mitarbeiter mit „ʔam.mo" (Onkel auf Arabisch) an.

Studien mit bilingualen Neugeborenen zeigen, dass Kinder, deren Mütter schon während der Schwangerschaft regelmäßig zwei Sprachen nutzten (Tagalog und Englisch), auch eine Präferenz für zwei Sprachen (anstatt nur eine der beiden) zeigen. Die AutorInnen schlussfolgern, dass es durchaus möglich ist, dass eine Person ihrem Kind zwei Sprachen gleichzeitig vermitteln kann (Byers-Heinlein et al. 2010).

Seit den 1980er Jahren wird der simultane Spracherwerb zweier Sprachen intensiv erforscht (Meisel 2004, 2011; Müller et al. 2006; Hoff et al. 2012). Simultan-bilingual aufwachsende Kinder können zwei phonologische Systeme, zwei Lexika und zwei Grammatiken lernen und alle pragmatischen Herausforderungen meistern. Ging man lange davon aus, dass der simultan-bilinguale Erwerb wie der Erstspracherwerb in beiden Sprachen verläuft, so kann man heute auf eine breitere Studienlage zurückgreifen, die der Vielfalt des bilingualen Erwerbs eher Rechnung trägt, indem monolinguale Normen für bilinguale Kinder in Frage gestellt werden (Genesee 2006; Marchman et al. 2010).

MacSwan (2017) erläutert, dass Bilinguale den doppelten Spracheninput nutzen, um zwei separate linguistische Systeme zu erwerben. Das bedeutet allerdings nicht, dass sich die beiden Sprachen nicht beeinflussen können. Solche Einflüsse betreffen vor allem die Geschwindigkeit des Erwerbs und die Häufigkeit des Auftretens bestimmter Formen (Müller et al. 2002). So kann der frühe Erwerb einer grammatischen Konstruktion in Sprache A den Erwerb einer äquivalenten Konstruktion in der Sprache B beschleunigen, wenn diese bei monolingualen Kindern der Sprache B normalerweise später auftritt. Umgekehrt kann die Kombination einer Sprache, die Subjektauslassung erlaubt (z. B. Italienisch), mit einer Sprache, die das nicht erlaubt (z.B. Deutsch) dazu führen, dass bilinguale Kinder die Null-Subjekt-Eigenschaft des Italienischen später erwerben.

Bilinguale Kinder mischen ihre Sprachen: Sie wechseln von Satz zu Satz die Sprache oder verwenden Wörter aus beiden Sprachen in demselben Satz. Sprachmischungen sind Ausdruck bilingualer Kompetenz. Oft sind diese Mischungen kommunikativ motiviert (Kap. 2) und belegen, dass beide Sprachen gleichzeitig aktiviert sind. Sprachmischungen können sich auch schon in frühen Phasen des Erwerbs aus dem Zusammenspiel eines kommunikativen Bedarfs und als Ausdruck sich entwickelnder Sprachfähigkeiten ergeben (Gawlitzek-Maiwald / Tracy 1996) (was auch bei erwachsenen Zweitsprachlernern vorkommt). Vergleichen Sie dazu Beispiel 5 von deutsch-englisch bilingualen Kindern.

Beispiel 5

2;3: monkey auch bike
2;4: ich hab gemade you much better
2;4: kannst du move a bit?

Gawlitzek-Maiwald / Tracy (1996), aus deren Aufsatz diese Beispiele stammen, interpretieren dieses Phänomen als „Bilingual Bootstrapping". Mit Hilfe der fortgeschritteneren Sprache schließt das Kind temporäre Lücken (nicht nur lexikalische, sondern auch grammatische, siehe **ge**made) und nutzt die Struktur der weiter entwickelten Sprache als Einstieg in die entsprechende Struktur der anderen Sprache.

Säuglinge, die bilingual aufwachsen, behalten im Gegensatz zu einsprachigen Kindern die Fähigkeit, Kontraste zu unterscheiden, die nur in einer ihrer beiden Sprachen vorkommen. Gleichzeitig unterscheiden sich auch die Laute, die bilinguale Kleinkinder produzieren, je nachdem, in welcher Sprache sie gerade sprechen. Sie erwerben weiter zwei unterschiedliche Lexika zur gleichen Zeit, wobei man schätzt, dass 30 – 50% der Wörter eines bilingualen Kindes aus Übersetzungsäquivalenten („træ" (Dänisch) – Baum) bestehen (Hoff et al. 2014).

Beispiel 6

Alter: 2;6 Jahre
Kamal wird von seinem Vater von der Krippe abgeholt. Er sieht seinen Vater kommen.

Kamal zur Erzieherin: „Mein Papa ist da!"
Kamal zum Vater: „Marhaba baba!"

In der Regel erwerben Bilinguale ihre beiden Sprachen langsamer als monolinguale Kinder (Hoff et al. 2012). Grundsätzlich können bilinguale Kinder in Sprachtests zur Grammatik und zum einzelsprachlichen Wortschatz etwas schlechter abschneiden als monolinguale Gleichaltrige. Da die Erwerbssituation für jede Sprache eine andere ist und die Sprachen in unterschiedlichen sozialen Kontexten mit unterschiedlichen lexikalischen Anforderungen und Angeboten genutzt werden, gibt es Überschneidungen im Wortschatz beider Sprachen, aber auch eine große Menge von Wörtern, die das Kind (zumindest übergangsweise) nur jeweils in einer Sprache kennt.

Wird also nur die Leistung in einer Sprache verglichen, sind viele bilinguale Kinder langsamer als monolinguale. Wird berücksichtigt, dass mehrsprachige Kinder zwei Lexika erwerben, ist klar: Bilinguale Kinder haben nur weniger Lexikoneinträge in einer ihrer Sprachen. Wertet man die Wortschatzmenge in beiden Sprachen (ggf. unter Berücksichtigung der Übersetzungsäquivalente), verfügen sie über genau so große oder größere Lexika wie monolinguale Gleichaltrige (Core et al. 2013; Bosch / Ramon-Casas 2014; Klassert / Kauschke 2014). Letztlich bewegen sich simultan-bilinguale Kinder trotz möglicher Verzögerungen im Erwerb innerhalb der Variationsbreite, die von Einsprachigen bekannt ist (Hoff et al. 2014).

Studien zeigen auch, dass die Annahme einer globalen sprachlichen Verzögerung mehrsprachiger Menschen über die Lebensspanne nicht haltbar ist: phonologische Fähigkeiten, Erzählfähigkeiten und Sprachverständnis sind in beiden Sprachen oft genauso gut entwickelt wie bei Monolingualen. Der Wortschatz entwickelt sich über die gesamte Lebensspanne weiter. Man geht davon aus, dass bei einem genügend guten Sprachenangebot und möglichst auch dem Erwerb von Schriftsprache vollständige Grammatikkompetenzen in beiden Sprachen erworben werden können und dass monolinguale wie bilinguale SchülerInnen im 10. Lebensjahr vergleichbare Grammatikleistungen erbringen (Gathercole / Thomas 2009).

Das Komplementaritätsprinzip im mehrsprachigen Erwerb

Mehrsprachige Kinder, Jugendliche und Erwachsene nutzen ihre Sprachen zu verschiedenen Zwecken, in unterschiedlichen Situationen und sozialen Kontexten. In bestimmten Aktivitäten oder Umgebungen ist der Gebrauch aller Sprachen angemessen (im Bus mit FreundInnen), in anderen Domänen wird nur eine Sprache verwendet (z.B. in der Physikstunde in der Schule). Grosjean (2020) führt aus, dass bilingualer Sprachgebrauch komplementär ist, was wiederum Folgen für die Sprachentwicklung hat: Die Sprache, die in vielen verschiedenen Kontexten genutzt wird, kann weiter entwickelt sein als die Sprache, die nur in wenigen Zusammenhängen mit wenigen GesprächspartnerInnen verwendet wird. Neben einem im Vergleich mit einsprachigen Gleichaltrigen geringeren Wortschatz wirkt sich die seltenere und situationsgebundene Nutzung auch auf das stilistische Niveau und die pragmatischen Kenntnisse aus. Grosjean (2020) erläutert weiter:

„Je weiter das Komplementaritätsprinzip erforscht wird, desto deutlicher tritt sein Einfluss auf die Wahrnehmung und Produktion von Sprache, auf das verbale Gedächtnis, den Spracherwerb und die sprachliche Dominanz hervor. Beobachtungen zeigen zum Beispiel, dass die sprachliche Dominanz bei Sprecher/innen häufig nicht in einer ‚ganzen' Sprache besteht, sondern in Teilbereichen. So kann eine Sprache zwar im Hinblick auf Lese- und Schreibfähigkeit einer Person dominant sein, aber bei bestimmten Themen kann dennoch die (oder eine der) weitere(n) verfügbare(n) Sprache(n) mehr Bedeutung für die Person besitzen und daher in diesem Sinne dominant sein" (Grosjean 2020, 3).

Daher ist der Erwerb schriftsprachlicher Fähigkeiten in allen Sprachen so wichtig: Mit der Schriftsprache können sich Mehrsprachige selbst Zugang zur Vielfalt der Einzelsprache erschließen.

Aktuelle Forschungsergebnisse zeigen, dass sich auch bei simultan-bilingualen Kindern die Lernumgebung und die Unterstützung des Spracherwerbs in früh- und elementarpädagogischen Institutionen auf den Sprachenerwerb, den Sprachengebrauch und letztlich auch die bildungs- und schriftsprachlichen Fähigkeiten von Kindern auswirken. Weder sind mehrsprachig aufwachsende Kinder sprachlich, kognitiv und emotional verwirrt, noch ist ihre Entwicklung beeinträchtigt. Auch wenn die Entwicklung beider Sprachen weitgehend autonom verläuft, wird der Erwerb insgesamt durch die sprachliche Umgebung beeinflusst.

Macht Mehrsprachigkeit schlau?
Verfechter mehrsprachiger Erziehung nehmen an, dass die sozialen, sprachlichen und kognitiven Kompetenzen mehrsprachig aufwachsender Kinder (und hier sind in der Regel simultan-zweisprachige Kinder gemeint) denen einsprachiger Kinder weit überlegen sind.

Sind bilinguale Kinder also stets im Vorteil?

Die Beziehung von Mehrsprachigkeit und Kognition hat Bialystok in vielen Studien untersucht. In einer Studie von 2017 (Bialystok 2017) schaut sie sich sehr differenziert an, wie sich verschiedene Teilkomponenten von Kognition im mehrsprachigen Kind entwickeln und wie die Untersuchungen dazu aussehen. So kann sie zeigen, dass ältere Studien, die einen negativen Einfluss von Mehrsprachigkeit auf die kognitive Entwicklung zu belegen scheinen, nicht sorgfältig genug in der ProbandInnenauswahl waren. Will man prüfen, ob eine kognitive Aufgabe von ein- und mehrsprachigen ProbandInnen gleich oder verschieden gut gelöst wird, dann müssen die Probanden in den sprachlichen Fähigkeiten, die zum Verstehen und Lösen der Aufgabe benötigt werden, vergleichbar sein. Mit anderen Worten: Die Studien müssen sicherstellen, dass die mehrsprachigen ProbandInnen nicht deswegen schwächere Ergebnisse erzielen, weil sie in der Testsprache sprachlich schwächer sind als die Vergleichsgruppe. Eine ähnliche Problematik wird deutlich, wenn über Schulleistungen von mehrsprachigen Kindern gesprochen wird. Es ist ein Unterschied, ob ein Kind eine Textaufgabe nicht lösen kann, weil es die mathematischen Operationen nicht beherrscht, oder ob es die Aufgabenstellung nicht versteht, weil es zentrale Begriffe im Text nicht kennt. Umgekehrt darf man in einer Studie zu kognitiven Leistungen nicht jüngere einsprachige Kinder mit älteren sukzessiv zweisprachigen Kindern vergleichen, die dann in den Sprachleistungen vergleichbar sind, aber nicht in ihrer kognitiven Entwicklung. In dieser Studienkonstellation wären die zweisprachigen Kinder aufgrund des höheren Alters im Vorteil.

Zu den Teilkomponenten der Kognition gehören die Entwicklung metasprachlicher Kompetenz und die Entwicklung der Intelligenzleistungen, z.B. Problemlöseverhalten und Konzeptentwicklung. Bialystok betont, dass die Leistungen mehrsprachiger Kinder in metasprachlichen Aufgaben in besonderem Maße von den erreichten sprachlichen Fähigkeiten in beiden Sprachen abhängen.

Einige Studien belegen eindeutige Vorteile mehrsprachigen Aufwachsens vor allem im Bereich der exekutiven Funktionen. Dazu zählen das Arbeitsgedächtnis, die Inhibition (Impuls- und Aufmerksamkeitskontrolle) und die kognitive Flexibilität. Mit dem Arbeitsgedächtnis können Informationen kurzzeitig gespeichert werden, um sie dann weiterzuverarbeiten. Inhibition erlaubt es, spontane Impulse zu unterdrücken und die Aufmerksamkeit willentlich zu lenken und Störreize auszublenden (z. B. das Gurren der Taube vor dem Fenster). Als kognitive Flexibilität wird die Fähigkeit bezeichnet, den Fokus der Aufmerksamkeit zu wechseln (Diamond/Lee 2011), sich schnell auf neue Situationen einzustellen und andere Perspektiven einnehmen zu können. Mehrsprachige haben dann einen Vorteil, wenn eine Aufgabe so aufgebaut ist, dass man für die Lösung irreführende Informationen ignorieren muss. Die Entscheidung, ob ein Satz wie „Warum bellt die Katze so laut?“ grammatisch korrekt ist, fällt mehrsprachigen Kindern leichter als einsprachigen – sie können sich besser auf die grammatische Aufgabe konzentrieren und den semantischen Fehler ignorieren. Diesen Vorteil erklärt man sich durch die kognitiven Anforderungen, die durch die doppelte Sprachverarbeitung entstehen: ein/e Bilinguale/r muss ständig gewahr sein, die richtige und passende Sprache zu verwenden (und nicht mit der russischsprachigen Oma auf einmal Deutsch zu sprechen).

Bilinguale sind in der Bearbeitung von Aufgaben zu exekutiven Funktionen schneller und genauer als Monolinguale (Übersicht in Bialystok 2017; Grundy 2020), aber dies bedeutet nicht, dass sie insgesamt klüger oder intelligenter wären.

Ein eindeutiger Vorteil von Mehrsprachigkeit zeigt sich jedoch im Alter: Bilingualität kann das Auftreten einer Demenz um bis zu fünf Jahre verzögern (Bialystok et al. 2007), trägt zu einer schnelleren Erholung nach einem Schlaganfall bei (Paplikar et al. 2019) und bilinguale Alzheimerpatienten zeigen später Symptome und erbringen länger bessere Leistungen (Anderson et al. 2020). Auch der Erwerb neuer Fremdsprachen gelingt besser (ASHA 2016): Bilinguale lernen schneller neue Wörter, verfügen über ausgeprägte Wortkategorisierungsfähigkeiten und bessere Fähigkeiten, zu kommunizieren, zuzuhören und neue Informationen zu verarbeiten.

Die Ergebnisse zum simultanen Erwerb von zwei oder mehr Sprachen zeigen, dass der Sprachenerwerb nicht identisch mit dem Verlauf des Erstspracherwerbs sein muss. Der entscheidende Punkt ist: Mehrsprachigkeit führt nicht zu einem defizitären Erwerb. Wenn bei mehrsprachigen Kindern Spracherwerbsprobleme festgestellt werden, dann liegt das nicht daran, dass das Kind mehr als eine Sprache erwerben muss. Die Ursachen sind im sprachlichen und sozialen Umfeld, d.h. in den äußeren Erwerbsbedingungen zu suchen – oder es liegt eine grundsätzliche Spracherwerbsproblematik vor.

Sprechende Hände?

Mit dem Begriff „Mehrsprachigkeit" verbinden die meisten von uns das Aufwachsen in zwei Sprachen. Die wenigsten stellen sich dabei vor, dass auch Kinder, die mit zwei Sprachen verschiedener Modalität, nämlich einer Gebärdensprache und einer Lautsprache, aufwachsen, mehrsprachig werden. Dies liegt nicht zuletzt daran, dass wir eine diffuse Vorstellung von Gebärdensprachen haben.

Sind das, was Gehörlose da machen, nicht einfach die Gesten, die wir alle produzieren, wenn wir „lebendig" erzählen? Ist Gebärdensprache überhaupt eine Sprache? Und wenn ja, macht es nicht Sinn, dass alle Gehörlosen auf der Welt dieselben Gesten verwenden, um sich zu verständigen? Angesichts dieser Alltagsvorstellungen über den Sprachgebrauch gehörloser Menschen wird deutlich, dass es intuitiv als selbstverständlich betrachtet wird, dass Gehörlose aufgrund fehlender auditiver Möglichkeiten die visuell-räumliche Modalität nutzen. Doch handelt es sich dabei um die deutsche Lautsprache abbildende und unterstützende Gesten oder tatsächlich um eine eigenständige Sprache?

Über ein Jahrhundert lang wurde die Ansicht vertreten, dass die Nutzung von Gebärdensprache oder anderer visueller Systeme den Spracherwerb beeinträchtigen können (Oralismus). Dahinter stand erstens die Idee, dass „Sprache" immer als „Lautsprache" zu verstehen sei, die den denkenden Menschen vom Tier unterscheide. Man vermutete, dass ein gleichzeitiges Angebot zweier Sprachen zu einer Behinderung des Erwerbs der vollwertigen Sprache der Mehrheit und damit der Teilhabe an der Gesellschaft führen könne. Dies ist ganz ähnlich den Vermutungen, die über den bilingualen Erwerb zweier Lautsprachen vorherrschten.

Gebärdensprachen sind von Land zu Land unterschiedlich und es gibt in jeder Gebärdensprache Dialekte. Erst seit 2002 ist die DGS (deutsche Gebärdensprache) als eigenständige Sprache in Deutschland anerkannt und bis heute wird ihr in jedem europäischen Land der Status als Minderheitensprache verwehrt (Deutscher Bundestag 2020).

Es gibt ca. 83.000 gehörlose Menschen in Deutschland, das sind ca. 0,1% der Gesamtbevölkerung. Nur 10% dieser Menschen sind gehörlose Kinder gehörloser Eltern, welche die DGS als Erstsprache erwerben. 90% der gehörlosen Kinder haben jedoch hörende Eltern, woraus ein späteres Erwerbsalter für die Gebärdensprache resultiert. Studien belegen, dass der frühe Erwerb einer Gebärdensprache ausschlaggebend für den späteren Erfolg in dieser ist (Mayberry 2007). Wird der Zugang zu DGS als Erstsprache für gehörlose Kinder verzögert, weil ihre hörenden Eltern diese Sprache nicht sprechen, hat das zur Folge, dass gehörlose Kinder nur ungenügende Anregung in einer ersten Sprache erhalten und sich dies auch auf alle später erworbenen Sprachen auswirkt. Wenn gehörlose Kinder von Geburt an mit einer Gebärdensprache aufwachsen (weil ihre Eltern gehörlos sind), dann können sie eine zweite Sprache genau wie hörende Kinder erwerben. Hörende Kinder gehörloser Eltern (kids of deaf adults, KODAS), die als Familiensprache DGS verwenden, erwerben die Lautsprache als Umgebungssprache und die Gebärdensprache als Familiensprache und sind daher bimodal-bilingual.

Auch liegt jeder Gebärdensprache eine spezifische Gebärdenreihenfolge im Sinne einer Wortstellung zugrunde. Für die Deutsche Gebärdensprache gilt, dass in der Grundstellung zuerst das Subjekt, dann das Objekt und am Ende das Verb gebärdet wird (SOV). Dies unterscheidet sie von der Deutschen Lautsprache, in der das Verb im Hauptsatz immer an zweiter Stelle steht:

Deutsche Lautsprache:
Das Mädchen spielt Ball.

Deutsche Gebärdensprache (DGS):
MÄDCHEN BALL SPIELEN

4 Gebärden werden im Folgenden in Großbuchstaben, in sogenannten Glossen, verschriftet.

Abb. 1: Beispiel für einen Satz in Deutscher Gebärdensprache: Deutsche Lautsprache: Das Mädchen spielt Ball. Deutsche Gebärdensprache (DGS): Mädchen Ball spielen. (aus: Hänel-Faulhaber 2018, 10).

Die deutsche Gebärdensprache unterscheidet sich auf vielen sprachlichen Ebenen von der deutschen Lautsprache und ist viel mehr als nur Sprache mit Händen. Studien aus der Psycho- und Neurolinguistik belegen, dass die Verarbeitung von visuellen Sprachen im Gehirn prinzipiell genau dort abläuft, wo auch Lautsprachen verarbeitet werden, nämlich in der linken Gehirnhälfte. Das ist spannend, weil Bilder oder Bewegungen normalerweise in der rechten Gehirnhälfte verarbeitet werden (vgl. Herrmann 2014). In der Satzstellung ist DGS Sprachen wie Türkisch oder Japanisch ähnlicher als der deutschen Sprache: Die unmarkierte Wortstellung in der DGS ist S(ubjekt)– indirektes O(bjekt) – direktes Objekt – Verb. In der deutschen Lautsprache sagt man „Das Mädchen spielt Ball." In der DGS steht das Verb am Ende und man gebärdet in der Reihenfolge „MÄDCHEN BALL SPIELEN". Ebenso wie Lautsprachen verfügen Gebärdensprachen über kleinste bedeutungsunterscheidende Einheiten (Phoneme) und kleinste bedeutungstragende Einheiten (Morpheme). Mittels Handform, Handstellung, Bewegung und Ausführungsstelle der Gebärde werden unterschiedliche Gebärden realisiert.

Menschen, die Gebärdensprache und Lautsprache sprechen, haben eine besondere Fähigkeit der Sprachmischung: das Code-Blending. Sie sprechen dann zwei Modalitäten von Sprache gleichzeitig.

Beispiel eines vollständigen Blendings von deutscher Lautsprache und deutscher Gebärdensprache (Hennies 2021):

Äußerung 1:Lautsprache: Welche Farbe ist das?
DGS: FARBE dhWAS IX+##

Äußerung 2: Lautsprache: Hier sind viele, die rutschen und schwimmen.
DGS: RUTSCHEN dhSCHWIMMEN VIEL

Übung 2

Rufen Sie bitte unter

https://www.idgs.uni-hamburg.de/forschung/projektvideos/e-books-bilingual.html

eines der bilingualen E-Books (Juliane Paddelente; Eine einzelne Perle; Rocky, die bellende Katze) des Instituts für deutsche Gebärdensprache und Kommunikation Gehörloser auf. Bitte notieren Sie, welche Gebärden Sie sofort erkennen, welche Sie überraschen und welche für Sie nicht erkennbar sind. Die unmarkierte Wortordnung in einfachen Sätzen der DGS ist Subjekt (AGENS) – indirektes Objekt (ZIEL) – direktes Objekt (THEMA) – Verb. Bitte überlegen Sie zweitens, worin Gemeinsamkeiten und Unterschiede zwischen der Satzstruktur der Deutschen Lautsprache (DLS) und der Deutschen

Gebärdensprache liegen. Notieren Sie sich drei Sätze aus einem der Videos, die zeigen, dass es sich bei DGS und DLS um ganz unterschiedliche Sprachen handelt.

1.5 Heritage-Language-Erwerb und die Bedeutung der Lernumgebung

In den letzten Jahren wird in Forschung und Praxis mehr und mehr der Tatsache Rechnung getragen, dass die überwiegende Zahl von mehrsprachigen Kindern ihre Sprachen nicht nach den idealtypischen Modellen, wie von Geburt an eine Person – eine Sprache, erwirbt.

Lisa ist in der Ukraine geboren, ihr Vater spricht Berber, die Mutter Russisch. Beide Eltern ziehen mit ihr nach Deutschland, wo sie seit ihrem 6. Lebensjahr ein englischsprachiges Internat besucht.

Ronjas Familiensprache ist Russisch. In ihrer Familie, im Freundeskreis und im Berliner Viertel wird überwiegend Russisch gesprochen. Seit ihrem ersten Lebensjahr besucht sie eine Krippe in Berlin und wird in wenigen Wochen in die Grundschule Friedrichshain-Kreuzberg eingeschult.

Viktoria ist bis zu ihrem 4. Geburtstag in Istanbul aufgewachsen. Beide Eltern müssen aus der Türkei nach Deutschland auswandern und Asyl beantragen, da sie als AkademikerInnen nicht mehr arbeiten dürfen.

Heritage-Language-Erwerb („Erbsprachenerwerb“) bezeichnet den informellen und ungesteuerten Erwerb einer ersten Sprache (L1), die soziolinguistisch als Minderheitensprache bewertet wird, in einem Kontext, in dem die Mehrheitssprache (Deutsch) dominiert. Die Mehrheitssprache wird durch den kontinuierlichen und häufigen Gebrauch, z. B. in Kita und Schule, zur bevorzugten Sprache. Weil die beiden Sprachen im Alltag nicht vergleichbar häufig genutzt werden und insbesondere die Familiensprache nur in einem sehr umgrenzten Raum verwendet wird, beeinflusst dies den Ausbau der Fähigkeiten in der Erbsprache. Kinder, die eine oder mehrere Minderheitensprache(n) als Heritage-Language-SprecherInnen neben dem Deutschen erwerben, bilden die größte Gruppe der mehrsprachig aufwachsenden Kinder. Russisch und Türkisch sind dabei die häufigsten Sprachen in deutschen Kindertagesstätten (Czapka et al. 2021). Indem Heritage-Language-Erwerb als eigene Erwerbskonstellation der Bilingualität anerkannt wird, wird der Bedeutung der sprachlichen Umgebung, dem Input und den Lernbedingungen Rechnung getragen (u.a. Kupisch/Rothman 2018). Heritage-Language-SprecherInnen können ihre beiden Sprachen simultan oder sukzessiv erwerben, wobei die Familiensprache in der Regel nicht die dominante Sprache der Mehrheitsgesellschaft ist. Dies hat Konsequenzen für die Modellierung des bilingualen Erwerbs: Früher wurde von „doppelter Halbsprachigkeit" oder „unvollständigem Erwerb" bei Kindern, deren Familiensprache weder eine anerkannte Minderheitensprache noch eine Sprache mit hohem sozialem Prestige war, gesprochen. Obwohl sie simultan oder sukzessiv bilingual aufwuchsen, wurde ihnen abgesprochen, zwei gleichwertige Erstsprachen zu erwerben. Es wurde angenommen, dass sie in beiden Sprachen keine „muttersprachlichen Kompetenzen" ausbildeten (Polinsky/Scontras 2020; Tsehaye et al. 2021).

Aktuelle Forschungsergebnisse zur Bedeutung der Lernumgebung und der institutionellen Förderung des Sprachenlernens zeigen, wie stark sich die Lernumgebung auf den Sprachenerwerb, den Sprachengebrauch und letztlich auch die bildungs- und schriftsprachlichen Fähigkeiten von Kindern auswirken (Montrul 2020). Eine wichtige Erkenntnis betrifft den Unterschied zwischen Heritage-Language-Erwerb und simultanem Spracherwerb: informelle Lernumgebungen (Familie, Kita, soziale Kontakte) tragen dazu bei, die Sprachen flüssig zu verwenden. Doch erst wenn die Erbsprache auch in formalen Lernumgebungen (Kurse, Schriftspracherwerb, Unterricht, gezielte additive Förderung), deren Angebot oft auch auf die linguistische Korrektheit abzielt (Montrul 2020), angewendet wird, kann sie in allen Facetten erprobt und erworben werden.

Heritage-SprecherInnen sind mehrsprachige Kinder, Jugendliche und Erwachsene, die ihre Sprachen simultan oder sukzessiv erwerben und zuhause eine andere als die Sprache der Mehrheitsgesellschaft sprechen (Valdés 2000). In beiden Fällen wird die Mehrheitssprache (Deutsch) durch den kontinuierlichen und häufigen Gebrauch und die institutionelle Dominanz zur bevorzugten Sprache. Diese Konstellation wirkt wiederum auf die Fähigkeiten in der Erbsprache zurück, weil die Sprachen im Alltag nicht vergleichbar häufig genutzt werden und insbesondere die Familiensprache nur in einem begrenzten Raum (Wortschatz und grammatische Strukturen, die benötigt werden) verwendet wird. Als Beispiel: Wenn ein dreijähriges geflüchtetes Kind in der Kita seine zweite Sprache Deutsch lernt, aber überhaupt keine Unterstützung oder Anregung in der Heritage-Sprache mehr erhält, dann kann es seine Erbsprache nicht weiterentwickeln; ihr Erwerb stagniert. Oft fehlt es darüber hinaus an Literacy-Erfahrungen in der Heritage Language. Dieses Ungleichgewicht der Sprachen erschwert es zusätzlich, aus den Modellen abzuleiten, was ein Kind in einem bestimmten Alter können muss.

Mehrsprachigkeit ist ein komplexes Konstrukt, da sich Menschen nicht nur in der Anzahl ihrer Sprachen, wie und wo sie die Sprachen erwerben oder darin, wie gut sie die Sprachen sprechen, unterscheiden. In der Betrachtung von Mehrsprachigkeit spielen also sowohl die individuellen Sprachfähigkeiten (das linguistische Sprach(en)wissen, bzw. die mentalen Grammatiken) als auch der soziale Kontext, in dem die Sprachen gemeinsam oder getrennt verwendet werden, eine wichtige Rolle (vgl. Backer/Bortfeld 2021).

1.6 Kindlicher Zweitspracherwerb

Die Erforschung des Zweitspracherwerbs bei Kindern wurde lange Zeit vernachlässigt. Das verwundert umso mehr, als in Deutschland durch die umfangreiche Migration in den 1960er bis 1980er Jahren eine große Zahl von Kindern mit nicht-deutschsprachigem Hintergrund in die Schulen kamen. Viele dieser Kinder ohne Deutschkenntnisse waren bereits im Schulalter, wurden eingeschult und mussten ad hoc Deutsch lernen. Bei diesen Kindern vollzog sich der Erwerb des Deutschen in echter Immersion.

Als „echte Immersion" wird eine Situation verstanden, in der Kinder in die Schule kommen, ohne ein Wort der dort gesprochenen Sprache (Deutsch) zu verstehen oder zu sprechen. Sie sind das einzige – oder eins von wenigen – nicht deutsch-sprechenden Kindern in ihrer Klasse. Dadurch sind sie sowohl gezwungen als auch motiviert, Deutsch rasch zu lernen – um im Unterricht mitzukommen, sich sozial zu integrieren und dazu zu gehören. Die Immersionssituation ist „echt" in dem Sinn, dass in der schulischen Umgebung fast alle Personen Deutsch sprechen, nicht nur die LehrerInnen – die Kinder tauchen vollständig in die neue Sprache ein. Dort, wo es viele solcher Kinder gab (im Ruhrgebiet, in Berlin, Frankfurt, Stuttgart usw.), entstanden Sprachförderprogramme (Deutschvorbereitungsklassen, Deutschförderunterricht). Mitunter finden sich Angebote für Unterricht in der jeweiligen Herkunftssprache der Kinder.

In den 1980er Jahren begannen SpracherwerbsforscherInnen, den Zweitspracherwerb dieser Kinder zu untersuchen. Typischerweise konzentrierten sich die Studien zunächst auf erwachsene und dann auf Kinder im Grundschulalter (Pienemann 1981; Wegener 1993; 1995). Die Ergebnisse dieser Studien belegen zweierlei: Einerseits waren zweitsprachlernende Kinder erfolgreiche LernerInnen des Deutschen. Sie lernten Deutsch rasch und viele waren nach wenigen Jahren im Deutschen von einsprachigen Kindern nicht oder kaum zu unterscheiden. Andererseits unterschied sich der Erwerbsverlauf von dem einsprachiger Kinder, und abweichende Formen und Strukturen glichen denen, die aus dem erwachsenen Zweitspracherwerb bekannt waren (Haberzettl 2005). Beide Ergebnisse zusammen legten das Forschungsdesiderat des kindlichen Zweitspracherwerbs nahe.

Alles, was wir heute zum Thema „Kindliche Mehrsprachigkeit“ wissen, belegt, dass der Erwerb von mehr als einer Sprache an sich nicht zu Problemen in der sprachlichen Entwicklung überhaupt oder in anderen kognitiven Bereichen führt. Auch muss der Kontakt zur Zweitsprache nicht innerhalb der ersten Lebensjahre stattfinden, um zweitsprachliche Fähigkeiten auszubilden (Hakuta 2001).

Es gibt in einem begrenzten Umfang Spracheneinfluss, wie einige Studien zum simultanen Erwerb zeigen, und dieser Einfluss kann vorübergehend sowohl günstig als auch verzögernd sein. Kinder, die simultan mehrsprachig aufwachsen, haben in beiden Sprachen meist einen geringeren Wortschatz als gleichaltrige einsprachige Kinder. Dasselbe gilt für eine zweite Sprache, die ein Kind erwirbt, insbesondere in den ersten Erwerbsjahren. In der Summe aber ist der Wortschatz nicht geringer, sondern meist größer. Und da der Kontext bestimmt, welche der beiden Sprachen in einer Situation verwendet wird – häuslicher Alltag, Kita oder Arztbesuch – ist der Wortschatz in beiden Sprachen auch nicht deckungsgleich.

Der gleichzeitige Erwerb zweier Sprachen beeinträchtigt nicht den Aufbau der entsprechenden grammatischen Systeme. Aber es gibt im kindlichen Erwerb zweier Sprachen durchaus Faktoren, die ungünstig wirken können. Es geht dabei vor allem um die Qualität und die Quantität des sprachlichen Inputs.

Die Spracherwerbsforschung kann Forschungsergebnisse zur Verfügung stellen oder erarbeiten, die zwischen zwei zentralen Dimensionen im Spracherwerb bewusst unterscheiden:

- Erstens die Dimension des Potenzials der Kinder, die eine zweite Sprache erwerben. Zentrale Forschungsfragen in dieser Dimension sind: Wie, d.h. in welchen Entwicklungsstufen, verläuft der Erwerb einer zweiten Sprache im Kindesalter? Wie gut und wie schnell können Kinder eine zweite Sprache erwerben? Welche individuellen, im Kind liegenden, Faktoren beeinflussen Verlauf, Geschwindigkeit und Erfolg?
- Die zweite Dimension ist die interaktive und soziale Dimension. Hier geht es um Fragen des sprachlichen Inputs, der Spracherwerbskonstellationen (z.B. wer spricht wann welche Sprache mit dem Kind?), um Fragen der sozialen

Bedingungen für den Spracherwerb und den kindlichen Sprachgebrauch, um gesellschaftliche Hintergründe und um interkulturelle Zusammenhänge. Einige dieser Aspekte wurden schon angesprochen und weitere werden in Kapitel 2 und 3 aufgegriffen.

Im Folgenden soll es vor allem um das Potenzial von Kindern gehen, eine zweite Sprache zu erwerben. Es geht um sukzessiven Erwerb, d. h. um den Erwerb einer weiteren Sprache ab etwa zwei Jahren. In diesem Alter haben die meisten Kinder bereits Grundzüge ihrer ersten Sprache(n) erworben. Ein zentraler Faktor im sukzessiven Erwerb ist der Zeitpunkt des Erwerbsbeginns, das sogenannte „Age of Onset" (AO). Die Frage, wann und wie sich im Laufe der Kindheit die Spracherwerbsfähigkeit verändert und damit der Verlauf des Erwerbs, wird in neueren Studien – in Deutschland und international – intensiv untersucht (für einen Überblick vgl. Meisel 2011; Paradis 2010; Rothweiler 2007c) (Kap. 1.6).

Der **lexikalische Erwerb** verläuft bei sukzessiv mehrsprachigen Kindern anders als bei Kindern im Erstspracherwerb. Unterschiede kommen aber nicht daher, dass zweitsprachlernende Kinder ein neues Wort in einer zweiten Sprache grundsätzlich anders erwerben als in der Erstsprache. Der Ausbau und der Umbau des Wortschatzes sind ein lebenslanger Prozess.

Eine wichtige Quelle ist der sprachliche Kontext. Solange für ein kleines Kind sehr viele Wörter unbekannt sind, kann der Kontext nicht viel zur Bedeutungsklärung beitragen.

Stellen Sie sich eine Situation vor, in der ein Erwachsener mit einem anderthalbjährigen Kind an einem Weidezaun steht. Auf der Weide laufen Pferde und ein paar blökende Schafe; außerdem fliegen gerade ein paar Hühner auf, weil hinter der Weide jemand mit einem Motorrad entlangfährt. Schauen Sie sich die Sätze in Beispiel 7 an.

BEISPIEL

Beispiel 7

a. Das Zork kann aber silt lumpsen.
b. Das Pferd kann aber viel fressen.
c. Das Huhn kann aber hoch fliegen.
d. Das Schaf kann aber laut blöken.
e. Das Motorrad kann aber schnell fahren.
f. Das Zork kann aber laut blöken.
g. Das Schaf kann aber silt blöken.
h. Das Schaf kann aber laut lumpsen.

Wenn Sie wie ein Kleinkind am Weidezaun stehen, den Satz a. hören und die drei Inhaltswörter „Zork“, „silt“ und „lumpsen“ nicht kennen, dann kann Ihnen die Situation helfen, Schlüsse zu ziehen. Allerdings wären alle Sätze von b. bis h. möglich und zur Situation passend. Je weiter der Wortschatz ausgebaut ist, umso eher kann der sprachliche Kontext helfen, wie aus Satz f. bis Satz h. deutlich wird. Kennt man nur noch ein Wort nicht, sind die Bezugs- und Bedeutungsoptionen eingeschränkt.

Ein Kind, das eine zweite Sprache lernt, mag nun in einer solchen Situation wissen, wie die entsprechenden Wörter in seiner Erstsprache heißen. Aber hilft das für den Erwerb in der zweiten Sprache? Auch in der zweiten Sprache müssen Wortformen isoliert werden, also das Kind muss Wortgrenzen identifizieren und jedem Wort phonetisch-phonologische, grammatische und semantische Informationen zuordnen. Der Vorteil gegenüber Kindern, die gerade erst mit dem Erwerb ihrer ersten Sprache beginnen, ist, dass Kinder, die eine zweite Sprache erwerben, bereits wissen, was Wörter sind und welche Funktion Wörter haben. Daraus könnte sich ergeben, dass der lexikalische Erwerb rascher voranschreitet als bei einsprachigen Kindern, sodass sie bis zum Erstsprachniveau aufholen (können). Das scheint bei einigen Kindern tatsächlich der Fall zu sein, aber längst nicht bei allen (Paradis 2007). Für die zweite Sprache muss einiges neu erworben werden, was die Kinder nicht unmittelbar aus der Erstsprache übernehmen können. So können sich Sprachen hinsichtlich der phonetisch-phonologischen Wortgrenzenmarkierungen unterscheiden. Außerdem muss das Kind für die neue Sprache die sprachlichen Mittel zur Kodierung grammatischer Funktionen identifizieren. Das bedeutet, dass sich die lexikalische Erwerbsaufgabe von zweitsprachlernenden Kindern nicht darauf beschränkt, Wortäquivalente für bereits gelernte Wörter der Erstsprache zu lernen. Nur wenige Wörter, meist nur Konkreta, sind in ihrer Verwendungsweise und dem genauen Bezug in zwei Sprachen gleich. Das englische Wort „cap“ wird im Deutschen mit „Mütze“ oder „Kappe“ übersetzt. Man kann „cap“ aber auch für „Verschlusskappe“ und „Deckel“ nutzen. Hier gibt es also zunächst einen hohen Grad von Äquivalenz (wobei „Kappe“ und „cap“ auch noch sogenannte „Cognates“ sind, d.h. Wörter, die einen gemeinsamen Ursprung haben). Die Äquivalenz verschwindet aber schon, wenn wir feststellen, dass „cap“ im Englischen auch das Wort für „Zahnkrone“ ist. Auch wenn wir nachvollziehen können, dass man von einer „Zahnkappe“ oder „Zahnmütze“ sprechen könnte, benutzt werden diese Wörter im Deutschen nicht. Dazu kommt, dass zweisprachige Kinder ihre Sprachen in verschiedenen Lebenssituationen erleben, sodass Wortschatz A und Wortschatz B sich zwar überschneiden, aber durchaus auch unterschiedliche Konzeptbereiche abdecken. Wir können also festhalten: Der Lexikonaufbau in einer zweiten Sprache beinhaltet immer auch den Erwerb neuer Wörter und neuer Konzepte.

Im Schulalter kommen viele Kinder in der Zweitsprache an die Wortschatztestleistung monolingualer Kinder heran. Qualitativ unterscheidet sich der Wortschatz in der Zweitsprache vor allem in den ersten Erwerbsjahren durch eine geringere Ausdifferenzierung: Die Kinder nutzen mehr allgemeine Wörter (wie „tun", „machen", „Dings") und sie borgen auch Wörter aus der Erstsprache (Kap. 2). Generell belegen viele Fallbeispiele die große Kreativität mehrsprachiger Kinder: Sie bilden selbst neue Wörter und nutzen dazu Wortbildungsregeln des Deutschen. Wie im folgenden Transkriptausschnitt erkennbar, nutzen sie Umschreibungen und Funktionsbeschreibungen (Rothweiler 2009, 249). (Der Ausschnitt stammt aus einer Seminararbeit von Beke Jantz und Jan-Hendrik Schirmer.) Das Kind ist 4;9 Jahre alt und erwirbt seit dem Eintritt in die Kita (vor 18 Monaten) Deutsch. Das Kind soll Karten benennen, die Begriffe für ein „Polizeispiel" abbilden.

BEISPIEL

Beispiel 8

Yusuf (Y) 4;9 und der Interviewpartner (I) unterhalten sich. Yusuf soll beschreiben, was er auf verschiedenen Bildern sieht.
Y: „ähm ein windpuster." (= Fingerabdruck)
I: „Okay. Und was siehst du auf dem Bild?"
Y: „versperrung." (= Verkehrsschild)
I: „Mhm. Absperrung ist so ähnlich, stimmt. Ich tu das mal hier mit drauf." (I hantiert mit den Karten.) „Und was ist das?"
Y: „sch schuhabdrücke." (= Fußabdruck)
I: „Genau, super, das machst du überhaupt ganz toll, Yusuf. Du weißt ja schon ganz viel."
Y: „ähm das ist ein abschließer abgeschlossen dam damit schließt man so was ab." (= Schloss)
I: „Richtig. Ähm. Jetzt bin ich ganz durcheinander hier. (I kommt mit der Ablage der Karten durcheinander.) „Und was ist das?"
Y: „damit fliegt man damit fliegt man irgendwo hin das ist ein schutzhelm." (= Helm)

Yusuf verfügt über eine Vielzahl lexikalischer Mittel, wenn er eine lexikalische Lücke schließen muss. Er ist also lexikalisch kompetent – das bedeutet: Er ist auch in der Zweitsprache ein kompetenter Wortlerner. Yusuf wird seinen Wortschatz rasch ausbauen, wenn die dafür notwendigen Kontexte und Anregungen gegeben werden und wenn für das Kind die Notwendigkeit zum Erwerb neuer

Wörter besteht. Wird die lexikalische Verarbeitung, die Fähigkeiten, Wörter zu erkennen, auf diese zuzugreifen und zu äußern, betrachtet, zeigt sich, dass diese Entwicklung bei sukzessiv-bilingualen Kindern wie bei monolingualen Kindern abläuft (Kohnert/Bates 2002; Kohnert/Derr 2004). Die Verarbeitungsfähigkeiten werden in Abhängigkeit vom Ausbau des Wortschatzes im Vorschulalter und Schulalter nach und nach weiter entfaltet.

Sukzessiv-bilinguale Kinder sind zu Beginn des Zweitspracherwerbs älter, kognitiv reifer und haben schon Konzepte, für die bereits Wörter in der L1 vorhanden sind. Während andere sprachliche Bereiche des Deutschen (z. B. die Artikel) zweitsprachlernende Kinder vor große Herausforderungen stellen, können sie für den Wortschatzerwerb umfangreiche Vorerfahrungen aus ihrem Erstpracherwerb mitbringen, die es ihnen ermöglichen, den Wortschatz im Deutschen zügig aufzubauen (Geist/Krafft 2017). So können sie auf Erwerbsstrategien zurückgreifen, wie die Fähigkeit, ein Konzept mit einem Wort zu verbinden (»konzeptuell-lexikalisches Mapping«). Sukzessiv-bilinguale Kinder sollten daher ihr Lexikon in der Zweitsprache schneller ausbauen können als monolinguale Kinder derselben Sprache (u. a. Paradis 2008).

Analog zum Vorgehen bei simultan-bilingualen Kindern wird auch bei sukzessiv-bilingualen Kindern meist allein der Vergleich mit dem Wortschatzumfang monolingualer gleichaltriger Kinder durchgeführt, um zu einer Beurteilung des Wortschatzes in der Verkehrssprache (Deutsch) zu gelangen. Dabei zeigt sich dann entsprechend, dass die lexikalischen Fähigkeiten bilingualer Kinder qualitativ und quantitativ abweichen (u. a. Klassert 2011, für Russisch-Deutsch). Wie simultan-bilinguale Kinder verstehen auch sukzessiv-bilinguale Kinder mehr Wörter, als sie produzieren, sodass die mit Wortschatztests ermittelten Unterschiede zwischen gleichaltrigen Ein- und Mehrsprachigen in der Produktion geringer sind als in der Rezeption (Cobo-Lewis et al. 2002). Da Mehrsprachige ihre Sprachen häufig zu unterschiedlichen Gelegenheiten und zu unterschiedlichen Zwecken verwenden, sind auch die Lexika unterschiedlich zusammengesetzt (Klassert/Kauschke 2014). Die Zweisprachigkeit wirkt sich auch darauf aus, wie schnell Wörter aus dem mentalen Lexikon abgerufen werden können: Zweisprachige nutzen bestimmte Wörter nicht so häufig wie Monolinguale, da der Wortabruf oft ebenfalls an die Situation geknüpft ist. So kann es sein, dass sich für bestimmte Worteinträge schwächere Verbindungen zwischen den semantisch-konzeptuellen und den phonologischen Repräsentationen der Wörter aufbauen (Gollan et al. 2008). Chondrogianni/Marinis (2011) untersuchen u. a. den rezeptiven Wortschatz von türkisch-englischen Kindern im Vergleich zu monolingualen Kindern im gleichen Alter. Es zeigt sich, dass die Dauer des Kontaktes zur Zweitsprache Englisch sowie das Alter und die Sprachfähigkeiten der Mutter im Englischen einen starken Einfluss auf den rezeptiven Wortschatz bei sukzessiv-bilingualen Kindern haben.

BEISPIEL

Beispiel 9

Furkan (6;0) beantwortet der Interviewpartnerin (I) Fragen zur Geschichte aus dem Sprachstandstest LiSe-DaZ (Schulz / Tracy 2011)

I: „Was will der denn?"
F: „dass wir net gehn. und der hund hat angst. der hund geht."
I: „Was hat denn der Mann mit dem Baum gemacht?"
F: „säge. versägelt. halbiert. mh – schnitten."
I: „Das Eichhörnchen sitzt…?"
F: „bei den baum."
I: „Und für wen sind die Nüsse?
F: „für den hase natürlich. Mh. eichhörnchen. ich hatte die verwechselt."
I: „Warum wollen die zu Lise?
F: „weil die hab ein wollmus." (=Walnuss)

Übung 3

Bitte finden Sie in den beiden Beispielen mit Yusuf und Furkan Wörter, die darauf hinweisen, dass der phonologische und der semantische Wortabruf zunächst nicht treffend gelingt. Wie erklären Sie sich die stattdessen von Yusuf und Furkan geäußerten Wörter?

Mit Kita-Eintritt wird die Mehrheits- und Umgebungssprache (in der Regel die Verkehrssprache) die im Tagesverlauf dominierende Sprache des Kindes. Ohne Unterstützung wird der Umfang des Lexikons in der Herkunftssprache stagnieren oder sogar geringer werden (Klassert 2011; Leseman 2000, für Türkisch-Niederländisch; Schaerlaekens / Zink / Verheyden 1995, für Französisch-Niederländisch). Die kommunikativen Anforderungen, die an sukzessiv-bilinguale Kinder in ihrer Zweitsprache seitens der Mehrheitsgesellschaft gestellt werden, können ihre lexikalischen Fähigkeiten übersteigen (Paradis 2008). Im Bereich des Wortschatzes wirkt sich aus, welcher Status den Sprachen zugeschrieben wird, die das Kind erwirbt. Wie eine Studie zu Englisch-Hebräisch aufwachsenden Kindern zeigt, ist es bei Sprachen mit hohem gesellschaftlichen Prestige eher die Häufigkeit des Inputs („frequency of exposure"), die den semantisch-lexikalischen Erwerb maßgeblich beeinflusst, während das Alter zu Beginn des Erwerbs weniger wichtig ist (Armon-Lotem / Ohana 2017).

Bis heute ist die Frage nicht beantwortet, ob und wann zweisprachige Kinder im Wortschatzumfang mit einsprachigen Kindern gleichziehen (können). Wenn berücksichtigt wird, dass auch der Wortschatzumfang bei einsprachigen Menschen – Kindern und Erwachsenen – enorm variiert, wird es auch in Zukunft dazu wohl kaum eindeutige Ergebnisse geben.

Ein Schwerpunkt der Forschung zur kindlichen Mehrsprachigkeit ist der **Aufbau des grammatischen Systems**. Dazu gehören einerseits syntaktische Strukturen, vor allen Dingen der Erwerb der Satzstruktur und der Erwerb von grammatischen Formen (Funktionswörter, Flexive und Flexionsparadigmen) (Kap. 1.1). Gerade im Erwerb von grammatischen Formen produzieren mehrsprachige Kinder von der Standardsprache abweichende Sätze wie in Beispiel 10.

BEISPIEL

Beispiel 10

Yusuf, 4;9

da esst die katze von dem baum blätter da
weil die die magt die magt noch was anders
die magt katzenfutter
der haltet seine augen geschlossen (der = der Vogel)
und dann ein blatt genehmt und dann gege... und dann aufgegessen
dann ist der kind aus dem hm hm aus den einkaufen raus gegangen
und dann kommtn die polizei
dann kommte da eine frau vorbei

Übung 4

Markieren Sie bitte alle grammatischen Formen in diesen Beispielen (z.B. „esst" anstatt „isst"), die Ihnen fehlerhaft erscheinen, und sortieren Sie sie nach Fehlertyp.

Solche Fehler werden häufig als Hinweise auf Probleme im Grammatikerwerb interpretiert. Werden die Fehler aber genauer betrachtet, dann müssen sie als lexikalisch motivierte Fehler gedeutet werden. Schaut man die Verbformen in den ersten vier Sätzen an, fällt auf, dass die markierten Verbformen nicht richtig sind, aber auch nicht völlig falsch. Es geht in allen Beispielen um Verbformen der 3. Ps. Sg.. Es liegen keine Kongruenzfehler vor, das Kind sagt nicht „da essen die katze ..." oder „die magst katzenfutter". Die Fehler liegen auf einer anderen Ebene. Das Kind verwendet in allen vier Sätzen das Flexiv für die 3. Ps. Sg., nämlich das Flexiv -t, und das Subjekt ist jeweils ein Dritte-Person-Singular-Subjekt. Subjekt-Verb-Kongruenz ist also nicht das Problem. Statt der unmarkierten Verbstämme „ess-" und „halt-" müsste das Kind die Stammvarianten „iss-" und „hält-" einsetzen – beides sind irreguläre Verben. Zwei Möglichkeiten zur Erklärung dieser Fehler: Entweder hat Yusuf diese Varianten der unregelmäßigen Verben noch nicht erworben oder er kennt die Beschränkung noch nicht, dass die unmarkierten Stammvarianten nicht in Kontexten von 2. und 3. Ps. Sg. auftreten dürfen. Auch bei der Form „magt" kennt Yusuf eine notwendige Sonderregel noch nicht: Er markiert ein Modalverb mit einem -t für die 3. Ps. Sg., stellt also Subjekt-Verb-Kongruenz her. Modalverben aber bilden im Präsens die Form 3. Ps. Sg. wie irreguläre Verben im Präteritum, nämlich einfach als irreguläre Stammform (vgl. z.B. „er lag"). Lexikalischer und grammatischer Erwerb sind hier eng miteinander verzahnt und die grammatischen Sonderregeln beziehen sich auf lexikalische Subklassen.

Mehrsprachige Kinder scheinen diese Art lexikalisch bedingter grammatischer Fehler sehr viel häufiger zu produzieren als einsprachige Kinder. Wenn wir bedenken, dass der lexikalische Erwerb seine Zeit braucht, dann sollten solche Fehler nicht verwundern und schon gar nicht zur Sorge Anlass geben.

Wie in Kapitel 1.2 gesehen, stellt der Erwerb der Satzstruktur den Kern der grammatischen Entwicklung dar. Im Erstspracherwerb sind der Ausbau des Verbflexionsparadigmas einerseits und der Aufbau der Satzstruktur mit den beiden Verbpositionen andererseits eng miteinander verbunden. Das Kind muss die Regeln für die Subjekt-Verb-Kongruenz erwerben und damit das gesamte

Regelwerk der finiten Verben. Zusätzlich muss es herausfinden, dass finite und nicht-finite Verben (also Infinitive und Partizipien) unterschiedliche Positionen im Satz einnehmen. Zu Beginn dieses Prozesses dominiert dabei die Verbendstellung, d.h. im Erwerb treten zunächst nicht-finite Verbformen auf und diese Verben stehen meist an letzter Stelle im Satz. Es wurde ebenfalls dargelegt, dass erwachsene ZweitsprachlernerInnen diese Beziehung zwischen Verbform und Verbstellung nicht nutzen.

Typische Fehler von erwachsenen ZweitsprachlernerInnen sind Verbstellungsfehler und ganz besonders markant sind Sätze mit Infinitiven in Verbzweitstellung, wie in Beispiel 11.

BEISPIEL

Beispiel 11

M1, Alter 30 Jahre, seit zehn Jahren in Deutschland

in Espani da gibt's alles
volksschule is bis vierzehn. heute is bis sechzehn, glaub ich
im abitur können sie musik lernen
ne bei mir war so
ich war bis zehn jahre in die volschule
und dann bin ich vier jahre abitur gemach

BEISPIEL

Beispiel 12

M2, Alter 45 Jahre, seit zwölf Jahren in Deutschland

un da wieder nochmal arbeite
meine familie nochmal wieder in Deutsche
un da Velbert nix keine kindergarten spanis
hier in Wuppertal kindergarte spani
alles in ordnung wieder
en schule spanis alles wieder in Deutschland

Übung 5

Bitte vergleichen Sie die beiden Sprachbeispiele von M1 und M2. Beschreiben Sie den Entwicklungsstand im Hinblick auf die Verbstellung. Beschreiben Sie außerdem, wie sich die beiden Sprecher in Bezug auf die Auslassung von notwendigen Satzelementen unterscheiden.

Im Zweitspracherwerb Erwachsener ist der Erwerb von Verbflexion und Verbstellung nicht unmittelbar aufeinander bezogen.

Es drängt sich also die Frage auf, ob Kinder, die eine zweite Sprache lernen, die Satzstruktur so aufbauen wie einsprachige Kinder oder wie erwachsene LernerInnen. Zunächst konzentrierte sich die Forschung zum kindlichen Zweitspracherwerb auf Kinder, die in Deutschland mehrsprachig aufwachsen und erst mit dem Eintritt in die Kita mehrsprachig werden (Chilla 2008; Rothweiler 2006; Ruberg 2015; Sopata 2009; Schönenberger et al. 2012; Thoma/Tracy 2006; Tracy 2007). Die Kinder, die an diesen Studien teilgenommen haben, sprechen in ihren Familien kein oder wenig Deutsch, und kommen erst mit Eintritt in eine Kita regelmäßig mit dem Deutschen in Kontakt. Solche sukzessiv mehrsprachigen Kinder beginnen im dritten und vierten Lebensjahr mit dem Erwerb des Deutschen.

Schauen Sie sich die Beispiele 13 und 14 von Faruk und Gül an. Beide Kinder kommen aus türkischsprachigen Familien und beide Kinder haben erst mit Eintritt in die Kita mit dem Erwerb des Deutschen begonnen: Faruk mit 2;9, Gül mit 3;0. Die Angabe KM bezieht sich auf jeweils abgeschlossene Kontaktmonate. Faruk macht den Anfang.

BEISPIEL

Beispiel 13

Sätze von Faruk

KM 3: das wiehert
da hände waschen
ich schmeiß die
KM 4: und das ninju nich guck
das patakapumpum so mach (patakapumpum = Lautmalerei)
KM 6: das passt hier schon

gelb kommen
KM 8: jetz wollen die ihn fang‘
was is in die ecke?
hast du keine toilette mehr?
KM 9: dass die wolke kommt
rat ma: wie viele hab ich
KM 10: nimmst den würfel
solln wir nochmal spielen?
KM 12: wer hat das angemacht?
KM 15: wenn mein onkel da hm so piekser reingesteckt hat, dann blutet das (der Onkel ist Arzt, Faruk erzählt von einer Impfung)
wann kann ich die holen?

Beispiel 14

Sätze von Gül

KM 3: gelb finden
will schnell
eine fehlt?
KM 4: passt DAS nich
KM 8: kann das nich
ich malen
da setzen
passt nich
KM 12: das gehn
da kann so machen
geht das so
ich komme jetz
KM 14: eine blume machen wir
KM 15: aber ich hab schon
wo is der würfel?
grün kommt hier hin
KM 18: wo steht sie denn?
jetz gehs du in gefängnis
KM 23: wenn ich bei doktor geh

Diese Beispiele demonstrieren, wie sehr der Aufbau der Satzstruktur dem einsprachiger Kinder gleicht: Schon in den ersten Aufnahmen (bei Gül nach zwei Kontaktmonaten, bei Faruk nach drei Kontaktmonaten) werden Verben produziert. Nach drei Kontaktmonaten produzieren die Kinder erste Sätze mit Verbzweitstellung und Sätze mit Verbendstellung. Das heißt, die Kinder verfügen jetzt über beide Verbpositionen. Von Beginn an werden – wie im Erstspracherwerb – in die vordere Verbposition bevorzugt finite Verben gesetzt (Modalverben, Formen von „sein" und Verben, die mit -t flektiert sind), während nicht-finite Verbelemente (Verbpartikeln, Infinitive, nicht-finite Verbstämme) in der hinteren Verbposition stehen. Wie im Erstspracherwerb ist das Flexiv -st das letzterworbene Flexiv des Subjekt-Verb-Kongruenz-Paradigmas (SVK). Mit Erwerb des vollständigen SVK-Paradigmas stehen Verben in den richtigen Positionen. Anders als bei erwachsenen ZweitsprachlernerInnen gibt es nur wenige Belege für nicht-finite Verben in der vorderen Verbzweitposition – genau wie im Erstspracherwerb. Nach dem Erwerb der Hauptsatzstruktur treten Fragen auf und gleichzeitig – oder kurze Zeit später – die ersten Nebensätze.

Der Erwerbsweg ist bei beiden Kindern sehr ähnlich, allerdings gibt es einen auffälligen Unterschied: Faruk ist ein schneller Lerner, Gül hingegen ist langsamer. Faruk beginnt schon früh in den Aufnahmesituationen, in denen die Kinder allein mit einer deutsch-einsprachigen Studentin spielen, fast ausschließlich Deutsch zu sprechen, während Gül in den ersten Aufnahmen noch häufig ins Türkische wechselt (auch wenn ihre Partnerin sie dann nicht verstehen kann). Zwischen KM6 und KM8 versteht Faruk das grammatische System des Deutschen – er hat die SVK sicher erworben und produziert ab dieser Aufnahme keine Verbendstellungssätze mit Infinitiven oder Verbstämmen mehr. Gül gelingt „der Durchbruch" zwischen dem KM15 und KM18. Obwohl der Erwerbsprozess bei ihr etwa doppelt so lange wie bei Faruk dauert, ist auch bei ihr die Parallele zum Erstspracherwerb groß (Chilla 2008). Hier zeigt sich eine große Variation in der Erwerbsgeschwindigkeit. Auch Tracy findet in ihren Studien Kinder (mit den unterschiedlichsten Erstsprachen), die sehr früh, schon nach sechs Kontaktmonaten, die Satzstruktur erworben haben, und andere, die dazu deutlich länger brauchen (Tracy 2007).

Welche Gemeinsamkeiten mit dem Erstspracherwerb lassen sich bezüglich der Erwerbsgeschwindigkeit feststellen? Zum einen ist die Variation auch im Erstspracherwerb groß. So gibt es Kinder, die schon in der ersten Hälfte des dritten Lebensjahres die Satzstruktur des Deutschen erwerben und Nebensätze produzieren, während andere Kinder die ersten Nebensätze erst mit dreieinhalb Jahren bilden. Eine Variationsbreite von einem Jahr also ist im Spracherwerb nichts Besonderes. Ein Unterschied zum Erstspracherwerb ist, dass Faruk und auch Gül schneller sind – wobei es natürlich offensichtlich ist, dass der Vergleich schwierig ist. Nehmen wir als Vergleichspunkt die Produktion der ersten Wörter im Alter von etwa zwölf Monaten bei einsprachigen und die ersten deutschen Wörter bei zweisprachigen Kindern. Denn im Erstspracherwerb vergehen mindestens 15 Monate bis zum vollständigen Erwerb der Satzstruktur, und ein Zeitraum von 24 Monaten ist nicht problematisch. Die erhöhte Erwerbsgeschwindigkeit könnte auch die Beobachtung erklären, dass die Phase III nach Clahsen (Kap. 1.2) (mit infiniten Verbendstellungssätzen) im frühen sukzessiven Erwerb weniger ausgeprägt zu sein scheint als bei einsprachigen Kindern. Vielmehr scheint, dass diese Kinder sich rasch die Verbklammer-Struktur des Deutschen aneignen – und zwar auch ohne die notwendigen lexikalischen Mittel. Bei mehrsprachigen Kindern finden sich gelegentlich Sätze mit Platzhaltern für die finite Verbposition. Das sind meist Formen von „sein“ oder „machen“ oder andere Verben, die sich wegen ihrer semantischen Allgemeinheit gut dafür eignen. Wie eine Studie zu monolingualen und sukzessiv-bilingualen Kindern mit verschiedenen Erwerbsaltersstufen zeigt (Chilla et al. 2013), sind solche „light verbs“ (vgl. Beispiel 15) bei monolingual deutschsprachigen Kindern äußerst selten, während sich bei sukzessiv-bilingualen Kindern mit einem „Age of Onset“ von ca. sechs Jahren Platzhalterverben als wichtiger Entwicklungsschritt im Erwerb der deutschen Satzstruktur zeigen. Manchmal scheint der Platzhalter tatsächlich nur den Platz für das finite Verb zu besetzen (grammatischer Platzhalter), in anderen Fällen ersetzt er ein Modalverb und ist dann eher ein Platzhalter für ein noch nicht erworbenes Verb.

BEISPIEL

Beispiel 15

Beispiele für Verbklammern mit Platzhaltern

das ist hier rein muss
der junge ist zwei eis (= hat zwei eis)
und dann mach der komm hoch
ich macht viel esse

Es wird davon ausgegangen, dass – auch wenn diese Kinder keine Strukturen aus der Erstsprache in die zweite Sprache transferieren – ihr Wissen, wie Sprache funktioniert, den Einstieg in die zweite Sprache erleichtert.

Andere Aspekte des Grammatikerwerbs, die vergleichsweise lange benötigen, um erworben zu werden, sind beispielsweise das grammatische Genus. Studien belegen, dass viele sukzessiv-bilinguale Kinder am Übergang von Kita zu Grundschule noch nicht über ein vollständig ausdifferenziertes Genussystem verfügen und viele falsche Genusmarkierungen bilden (Jeuk 2008; Kaltenbacher / Klages 2006). Ruberg (2015) zeigt in einer differenzierten Studie mit 46 sukzessiv-mehrsprachigen Kindern, dass sie wie einsprachige an indefiniten Artikeln die wenigsten Genusfehler produzieren. Bei den definiten Artikeln und attributiven Adjektiven ist der Anteil korrekter Markierungen deutlich geringer. Während der ersten 2 Jahre des Zweitspracherwerbs Deutsch ist in diesem Bereich mindestens knapp die Hälfte aller Markierungen falsch. Insgesamt nutzen frühe ZweitsprachlernerInnen im Alter von fünf Jahren zwar indefinite und definite Artikel, aber sie haben insbesondere die spezifischen Verwendungskontexte für definite Artikel noch nicht gemeistert (Schulz / Grimm 2012). Anders als gleichaltrige ErstsprachlernerInnen ersetzen sie definite Artikel häufig durch indefinite Artikel (Ose / Schulz 2010). In Bezug auf den weiteren Erwerbsverlauf ist die Variation groß: einige Kinder machen zu Beginn der ersten Klasse kaum noch Genusfehler, wohingegen Turgay (2010) für einige türkisch-deutsch sukzessiv-bilinguale Kinder, die an ihrer Studie teilnahmen, noch im vierten Grundschuljahr fehlerhafte Artikel findet. Im Erwerb der Kasusflexion des Deutschen erscheint nach ca. 12 Monaten Kontakt zum Deutschen zuerst der Akkusativ. Die Ausdifferenzierung des Kasussystems erstreckt sich mit dem Dativerwerb bis nach dem siebten Geburtstag und ist unabhängig davon, welche Erstsprache das sukzessiv-bilinguale Kind erwirbt (Tracy / Lemke 2012). Beispiel 16 aus dem BiLaD-Projekt (Hamann et al. 2013 – 2016) illustriert einen typischen Sprachstand eines sukzessiv-bilingualen Kindes vor Schuleintritt.

Beispiel 16

Die Interviewpartnerin (I) bittet Latif (L) (5;8), der seit Ende des dritten Lebensjahres Deutsch als Zweitsprache erwirbt, eine Bildergeschichte zu erzählen.

I: „Dann erzähl mir mal, was auf den ersten beiden Bildern passiert."

L: „ein hund will den maus essn. aber der ist ganz schnell in den loch gegang."

I: „Mhm. Passiert da noch mehr?"

L: „da kommt ein junge und hat ein luftballon dabei und ein würstchen. der luftballon is geflogn. und der hängt jetzt auch auch am baum. und der hund is gegn die baum geknallt. und der hund ehm hat ein ehm so mit seim zahn geleckt. dann ist der da gesitzt und hat die würst gesehn."

Kritische Phasen im Zweitspracherwerb?

Immer mehr Ergebnisse aus der Spracherwerbsforschung bei Kindern und Erwachsenen stärken die Position, dass sich diese beiden Erwerbstypen deutlich unterscheiden. Die qualitativen Unterschiede seien nicht allein auf das sprachliche Vorwissen und die allgemeine kognitive Entwicklung zurückzuführen, sondern auf Unterschiede in den Erwerbsmechanismen selbst. Wie kann es sein, dass Kinder das deutsche Genussystem problemlos meistern, während selbst weit fortgeschrittene ZweitsprachlernerInnen mit dem deutschen Genus hadern? „Wieso?" könnte man einwenden: „Wenn ZweitsprachlernerInnen die Genusinformationen für Substantive aus ihrer Erstsprache übernehmen, ist es doch kein Wunder, dass das System in der Zweitsprache zum Problem wird." Diese Hypothese kann man prüfen. Wie oben gezeigt, sind Genusmarkierungen im Deutschen auch für Menschen mit Englisch oder Türkisch als Erstsprache schwierig, dabei gibt es kein grammatisches Genus im Englischen und im Türkischen. Wenn es aber kein Genus gibt, können es nicht die unterschiedlichen Systeme sein. Sie würden vielleicht einwenden: „Dann liegt es für türkische oder englische ZweitsprachlernerInnen des Deutschen eben genau daran: Diese SprecherInnen kennen ein Genus noch gar nicht, wenn sie mit dem Erwerb des Deutschen anfangen." Und warum machen sie es dann nicht genauso wie deutsche Kinder im Erstspracherwerb? Wenn im Erst- und Zweitspracherwerb dieselben Erwerbsmechanismen verfügbar wären, dann müsste der Erwerb des Genussystems zumindest bei solchen erwachsenen ZweitsprachlernerInnen, die aus einer genuslosen Sprache kommen, funktionieren wie bei deutschen Kindern. Und weiter: Wenn Transfer aus der Erstsprache wesentlich für Unterschiede im Genuserwerb verantwortlich wäre, dann müssten ZweitsprachlernerInnen, die Genus in ihrer Erstsprache haben (wie das z.B. in allen romanischen und slawischen Sprachen der Fall ist) besondere Probleme mit Substantiven haben, die im Deutschen ein anderes Genus haben als in der Erstsprache. Also müssten Menschen mit Italienisch, Spanisch oder Französisch als Erstsprache grundsätzlich ein Problem mit deutschen Substantiven im Neutrum haben (denn in romanischen Sprachen gibt es nur Maskulinum und Femininum) und mit Substantiven wie „Sonne" und „Mond". Aber auch das lässt sich nicht belegen. Genusprobleme gibt es auch mit Substantiven, die im Deutschen dasselbe Genus haben wie in der jeweiligen Erstsprache. Alles deutet darauf hin, dass die Unterschiede zwischen Erst- und ZweitsprachlernerInnen im Genuserwerb daran liegen, dass der Erwerb anders ist. Und dieses Anderssein ist nicht allein durch das Vorhandensein einer Erstsprache zu erklären, die als Analysebrille für die Zweitsprache genutzt wird und zu Transfereffekten führt. Die logischste Erklärung ist, dass sich der Zweitspracherwerb vom Erstspracherwerb qualitativ unterscheidet und dass Erwachsene (zumindest teilweise) andere Strategien und Mechanismen verwenden als Kinder.

Eine starke Argumentationslinie für diese Annahme kommt aus der Forschung zum kindlichen Zweitspracherwerb. Wenn allein das Beherrschen einer ersten Sprache und die weiter fortgeschrittene kognitive Entwicklung für die Unterschiede zwischen Erst- und Zweitspracherwerb verantwortlich wären, dann müssten sich auch Kinder, die nach dem Erwerb einer ersten Sprache mit dem Erwerb einer zweiten Sprache beginnen, wie erwachsene LernerInnen verhalten. Zweitsprachlernende Kinder erfüllen beide genannten Bedingungen: Sie haben bereits eine Sprache erworben – denn Spracherwerbsforscher sind sich einig, dass Kinder mit etwa drei Jahren die zentralen Grundzüge ihrer Sprache erworben haben – und sie sind kognitiv weiter entwickelt als Kinder, welche die ersten Wörter produzieren. Wir haben aber bereits gesehen, dass Kinder, die etwa im Alter von drei Jahren mit dem Erwerb des Deutschen beginnen, die Satzstruktur wie ErstsprachlernerInnen und nicht wie Erwachsene erwerben. Besonders die Beobachtung, dass der Zeitpunkt des Erwerbsbeginns eine große Rolle für die Art des Erwerbs und den Erwerbserfolg spielt, bestätigt die Annahme von qualitativen Unterschieden zwischen Erst- und Zweitspracherwerbsmechanismen.

Relevant bezüglich der Frage nach fundamentalen Unterschieden zwischen Erst- und Zweitspracherwerb sind einerseits linguistische Arbeiten zum kindlichen Zweitspracherwerb und andererseits elektrophysiologische Arbeiten zur neuronalen Verarbeitung von Sprache. In diesen Studien werden Verfahren wie EEG-Messungen sowie Positronenemissions- und Magnetresonanztomographie (PET und MRT) genutzt, um neuronale Aktivitäten zu messen, die durch bestimmte sprachliche Aufgaben ausgelöst werden. So kann bestimmt werden, welche sprachliche Aktivität welche neuronalen Reaktionen hervorruft (z.B. messbare Veränderungen im EEG) und/oder an welcher Stelle im Gehirn diese Reaktionen auftreten. Mit anderen Worten: Bestimmte sprachliche Aktivitäten können im Gehirn lokalisiert werden. Mit diesen Verfahren kann man prüfen, ob Erst- und Zweitsprache anders verarbeitet werden, für welche sprachlichen Bereiche sich Unterschiede belegen lassen und für welche nicht, und ob dabei unterschiedliche neuronale Strukturen beteiligt sind. Kurz: Sitzt die Zweitsprache an einer anderen Stelle im Gehirn als die Erstsprache? Studien belegen, dass die lexikalische Verarbeitung für beide Sprachen gleich ist und im Wernicke-Areal stattfindet, während grammatische Aspekte von Sprache bei Erst- und ZweitsprachlernerInnen unterschiedlich verarbeitet werden. So ist bei älteren ZweitsprachlernerInnen einerseits die Korrektheit bei Fehleridentifikationsaufgaben niedriger und andererseits die Geschwindigkeit der Reaktion langsamer als bei ErstsprachlerInnen und frühen ZweitsprachlernerInnen.

Die Ergebnisse aus linguistischen Studien zum kindlichen Zweitspracherwerb, wie die elektrophysiologischen Studien zur Verarbeitung, liefern Belege für eine Veränderung der Erwerbsfähigkeit. Reifungsprozesse im neuronalen System führen zu Veränderungen, die letztendlich kritische Phasen für den Erwerb sprachlicher Phänomene begrenzen. Noch vor wenigen Jahren konnte man anhand von Studien mit vergleichsweise wenigen TeilnehmerInnen kritische Phasen für das Alter um vier und sieben Jahre belegen. Aus einer sehr großen statistischen Erhebung aus Großbritannien mit über 669.000 ProbandInnen weiß man heute: Es gibt kritische Phasen für den Spracherwerb, aber die Veränderungen, die den Grammatikerwerb betreffen (und dies ist der bis jetzt am besten untersuchte sprachliche Teilbereich), kommen erst ab dem ca. 17. Lebensjahr zum Tragen (Hartshorne et al. 2018), und nicht, wie man früher dachte, ab der Pubertät oder sogar schon mit zwei Jahren. Wie für andere kognitive Bereiche auch kann man annehmen, dass die neuronale Plastizität für den Erstspracherwerb nur während eines bestimmten Zeitraums vorhanden ist. Gelingt der Erwerb eines *ersten* Sprachsystems in dieser Periode nicht, kann sie zu einem späteren Zeitpunkt nicht mehr (vollständig) erworben werden.

Um einem angemessenen Erwerbmodell für ein Kind näher zu kommen, ist es daher wichtig, nach dem Alter zu Beginn des Spracherwerbs (AoO, »age of onset«) und der Erwerbsdauer (LoE, »length of exposure«) zu fragen (Armon-Lotem et al. 2011). Die Bedeutung des Alters zu Beginn des Zweitspracherwerbs (AoO) wird durch verschiedene Ansätze untermauert: Einige behaupten, dass Erwerbszeitpunkt und kritische Phasen so zusammenhängen, dass ein vollständiger Erwerb von Sprachen nur dann möglich ist, wenn der Erwerbsbeginn im frühen Kindesalter liegt, und stattfindet, bevor bestimmte Reifungsprozesse im Gehirn abgelaufen sind (z. B. Johnson / Newport 1989). Andere sprechen sich dafür aus, dass es weniger die Reifungsprozesse im Gehirn, sondern eher auf Erfahrung beruhende und / oder kognitive Faktoren sind, die als Hauptursache der unterschiedlichen Erwerbswege angenommen werden können (Archila-Suerte et al. 2012; Elman et al., 1996; Marinova-Todd et al. 2000). Für Kinder im Schulalter wird darüber hinaus der Beginn formaler Beschulung als wichtiger Einflussfaktor auf den Erwerbsverlauf in Erst- und Zweitsprache diskutiert (Tuller 2015).

In diesem Abschnitt lag der Fokus bisher auf dem *frühen sukzessiven Zweitspracherwerb*, also auf dem Erwerb ab dem dritten und vierten Lebensjahr. Damit liegt der Blick sicherlich auf der größten Gruppe von kindlichen ZweitsprachlernerInnen. Es gibt aber auch Kinder, die erst zu einem späteren Zeitpunkt beginnen, Deutsch zu lernen – weil sie als Geflüchtete (oder aus anderen Gründen) später nach Deutschland gekommen sind oder weil sie erst mit fünf Jahren in eine Kita oder eine Vorschule kommen. Über den Spracherwerb bei diesen Kindern gibt es nach wie vor wenige systematische Studien. Die meisten Ergebnisse stammen aus den Studien von Pienemann (1981) und Wegener (1993, 1995). Ein Teil der von Wegener erhobenen Daten zu türkischen, russischen und polnischen Kindern wurde auch in den Arbeiten von Haberzettl (2005) und Chilla (2008) verwendet. Beide Autorinnen haben sich mit dem Erwerb der Satzstruktur dieser Kinder befasst und sie fanden bei diesen Kindern weit mehr Formen und Strukturen, die aus dem Zweitspracherwerb Erwachsener bekannt sind, als im frühen sukzessiven Erwerb. Dazu gehören einerseits sogenannte Verbdrittsätze (V3) sowie Sätze, in denen ein nicht-finites Verb in der Verbzweitposition vorkommt (Beispiel 17 aus Chilla 2008)). Bei Kindern mit russischer oder polnischer Erstsprache sind auch Strukturen belegt, in denen finites und nicht-finites Verb keine Klammer bilden, sondern ungetrennt aufeinanderfolgen, was auch für den Zweitspracherwerb typisch ist (Beispiel 18 aus Dimroth 2008; Haberzettl 2005).

BEISPIEL

Beispiel 17

Verbdritt-Sätze und Verbzweitsätze mit Infinitiven

dann der frosch geht weg
hier er zieht seine jacke an
der willie zuhören in der papa

BEISPIEL

Beispiel 18

Verbklammer ohne Verbtrennung

ich habe gesehen die batterie
die zwei bub geht machen ein schneemann

Diese Formen und Strukturen sind kennzeichnend für Zwischenstufen im Erwerb. Auch treten Platzhalterstrukturen bei älteren sukzessiv-bilingualen Kindern und Jugendlichen häufiger auf als bei monolingualen Kindern. Dies erklärt sich auch durch das Alter der Kinder: Zu Beginn ihres Deutscherwerbs sind kindliche ZweitsprachlernerInnen kognitiv weiter entwickelt als monolinguale Kinder. Ein 6-jähriges Kind ist kognitiv in der Lage, komplexe und längere sprachliche Einheiten zu speichern und abzurufen. Ein Weg, sich Zweitsprache zu erschließen, liegt dann z. B. darin, mittels nicht analysierter bedeutsamer syntaktischer Einheiten schnell in die Sprachproduktion zu kommen.

Wie Haberzettl (2003) und Chilla et al. (2013) herausstellen, bietet sich über die Nutzung von Teilsätzen mit Verbzweitstellung („Er hat …“, „Ich mache …“, „Das ist …“) den älteren sukzessiv-bilingualen Kindern die Möglichkeit, sich die Deutsche Hauptsatzstruktur schnell und effektiv zu erschließen. Hürden im Erwerb bestehen für ältere sukzessiv-bilinguale Kinder, Jugendliche und Erwachsene im Erwerb von Kongruenzen (Subjekt-Verb-Kongruenz und Kasus- Numerus-Genus-Kongruenz). Wie im Zweitspracherwerb Erwachsener ist der Erwerb von Verbflexion und Verbstellung bei Kindern, die erst im fünften Lebensjahr oder später mit dem Erwerb einer zweiten Sprache beginnen, folglich nicht unmittelbar aufeinander bezogen, wie Beispiel 19 aus dem BiliSAT-Projekt (Chilla/Hamann 2017–2020) verdeutlicht.

BEISPIEL

Beispiel 19

Die Interviewpartnerin (I) bittet Zehra (Z) (8;1), die seit 21 Monaten Deutsch als Zweitsprache erwirbt, die LITMUS-MAIN-Bildergeschichte (Kap. 4.3) zu erzählen.
Z: „der hund will den maus fangen. und ein junge hat ein luftballon. der kopf von den hund ist in den höhle ge/. der hund ist mit den baum gegangen. der luftballon ist von den junge wegflogen. den luftballon ist auf den baum gelandet. und der hund mit sein kopf gegen baum kommen ist.“

Es macht also Sinn, hier von spätem kindlichem Zweitspracherwerb zu sprechen. Der Übergang von einem typischen Erst- zu einem typischen Zweitspracherwerb ist fließend, d. h. die kindlichen Erwerbsfähigkeiten verschwinden nicht von einem Tag zum anderen, und auch bei einem späteren Erwerbsbeginn können Kinder noch sehr erfolgreich eine zweite Sprache erwerben.

2 Charakteristika des Sprachgebrauchs mehrsprachiger Kinder

Wir alle kommen täglich mit mehr Sprachen als nur unserer Erstsprache in Kontakt. Dies zeigt sich besonders dann, wenn sich nichtdeutsche Wörter in unseren Alltag mischen. Schon morgens beim Bäcker wird uns „Kaffee to go“ angeboten, wir essen mittags einen „Snack“ und gehen abends zum „Training“ ins „Lady-Fitness-Studio“. Diese Anglizismen, also die Übernahme oder die Neuschöpfung englischsprachiger Wörter, sind uns vertraut, auch wenn ihr zunehmender alltagssprachlicher Gebrauch immer wieder Gegenstand heißer Diskussionen im Feuilleton ist.

Doch wie kommt es zu Sprachmischungen? Wie kann es sein, dass eine „vermischte Sprache“ bei zweisprachigen Kindern und Erwachsenen besonders auffällt, wenn wir selbst alltäglich Redewendungen oder Wörter aus anderen Sprachen nutzen? Was motiviert eine/n SprecherIn, „vermischte Sprache“ zu produzieren? Und sind diese Sprachmischungen vielleicht Anzeichen eines defizitären Sprachgebrauchs? Übung 6 dient dazu, die verschiedenen Charakteristika „vermischten Sprachgebrauchs“ zu verdeutlichen.

Übung 6

Markieren Sie in den folgenden Beispielen die Stellen, an denen Sie Sprachmischungen feststellen können.

BEISPIEL

Beispiel 20

„Ähm, ich möchte Erzieherin werden. Bu sınıfı wiederholen yapıyom. Und ich hatte schon mal Praktikum. İki defa Kindergarten'da yaptım. Ailem de destekliyor. Onlar da istiyor. Onuncu sınıftan sonra Berufsschule'ye gitcem. Und das ist über Kindergarten. Und dann drei Jahre mach ich dann. Und danach meine Ausbildung. Und dann habe ich hier meinen Beruf. Und dann mach ich weiter.“ (Eine vierzehnjährige Schülerin spricht im türkischen Radio Köln. Funkhaus Europa 2008)

BEISPIEL

Beispiel 21

I: „Ah, der fährt mit dem Fahrrad auf der Straße. Guck mal, was auf dem Schild hier steht."
Z: „Bisidek (= bisiklet)."
I: „Ja. Ein Fahrrad ist da drauf (...)."
Z: „Du bis das habe. Ich das da." Z zeigt auf das Polizeiauto. Sie will das Auto von ihrer Gesprächspartnerin haben und diese soll die Polizei spielen.
Z: „Çiş yapcam daha." Z greift sich eine Baustellentoilette und stellt sie auf den Tisch zurück.
I: „Ah, die machen schon wieder eine Rast. Dadü dada. Guten Tag. Können Sie sich vorstellen, warum wir Sie angehalten haben."
Z: „Vielleih um tuvalet gehen?"
I: „Hm? Sie haben angehalten, weil die Kinder zur Toilette gehen müssen?"
Z: „Ja."
(Zeren (Z), vier Jahre, wächst sukzessiv-bilingual mit Türkisch und Deutsch auf. Sie spielt mit ihrer monolingual deutschen erwachsenen Interviewpartnerin (I)).

BEISPIEL

Beispiel 22

Ob ein kostenloses Upgrade in die Business Class oder ein Freiflug nach London – bei PartnerPlusBenefit warten viele tolle Prämien auf Ihr Unternehmen! Lassen Sie ab sofort Ihre Mitarbeiter auf Geschäftsflügen mit Lufthansa und bis zu zehn Partner-Airlines innerhalb eines weltweiten Streckennetzes punkten und lösen Sie die gesammelten BenefitPunkte einfach gegen Wunschprämien ein.
Bei der Prämienauswahl von PartnerPlusBenefit ist garantiert auch für Ihre individuellen Firmenbedürfnisse etwas dabei: Senken Sie beispielsweise die Reisekosten Ihres Unternehmens mit Freiflügen oder lassen Sie Ihre Mitarbeiter auf Geschäftsreisen von Upgrades, Sitzplatz-Reservierungen, Lounge-Zugängen oder dem Bord-Internetzugang FlyNet® profitieren. (Lufthansa 2021)

Sie werden feststellen, dass in allen drei Beispielen Morpheme, Wörter oder ganze Sätze aus einer anderen Sprache als dem Deutschen verwendet werden. Die Gesprächsausschnitte sind so für die InterviewpartnerInnen wie auch für uns als LeserInnen mehr oder weniger verständlich – je nachdem, ob uns die verwendeten Begriffe oder Bezeichnungen vertraut sind (wie in Beispiel 22) oder ob wir die Sprache, aus der diese Wendungen oder kurzen Abschnitte stammen (wie Türkisch in Beispiel 20 und 21), gut verstehen. Dem Gespräch in Beispiel 21 können wir noch gut folgen, auch wenn das Kind Zeren, die mit Türkisch und Deutsch aufwächst, zwei Substantive und einen ganzen Satz aus dem Türkischen in den Dialog einfügt, aber der vollständige Inhalt des Textes in Beispiel 20 bleibt uns möglicherweise verwehrt.

Es lässt sich anhand der Textunterschriften und der Gestaltung der Dialogsituation außerdem feststellen, dass die GesprächspartnerInnen bzw. AdressatInnen in allen drei Gesprächssituationen bzw. in dem Werbetext variieren: Während die Jugendliche in Beispiel 20 im Türkischen Radio Köln spricht, spielt das zweisprachig aufwachsende Kind Zeren in Beispiel 21 mit einer monolingual deutschsprachigen Erwachsenen. Die Information der Deutschen Lufthansa AG dagegen wendet sich an alle KundInnen, die sich über das Bonusprogramm informieren möchten.

Hat die Adressatenorientierung und das Wissen um die zweisprachige Kompetenz der Zuhörenden, Lesenden oder die/der SpielpartnerIn möglicherweise einen Einfluss darauf, wie groß der Anteil der jeweiligen Sprache in einem Gespräch ist? Oder gibt es möglicherweise weitere Faktoren, die dazu führen, dass eine Person, die mit zwei Sprachen aufgewachsen ist, in einem Dialog zwei Sprachen vermischt?

Das Kontinuum der Sprachmodi nach François Grosjean

Der Bilingualismusforscher Grosjean (2001) entwickelte ein Modell, mit dessen Hilfe erfasst werden soll, warum Menschen, die zwei Sprachen sprechen, manchmal von ihren beiden Sprachen in einem einzigen Dialog intensiven Gebrauch machen, und wie es sich erklären lässt, dass sie sich ebenso häufig auf nur eine Sprache beschränken. Ein/e bilinguale/r SprecherIn befindet sich nach Grosjean auf einem Kontinuum verschiedener Sprachmodi, das es ihm ermöglicht, je nach GesprächspartnerIn mehr oder weniger intensiv innerhalb eines Gesprächs zwischen den beiden (oder mehreren) Sprachen zu wechseln. Dieses Kontinuum hat zwei Pole: am einen Ende befindet sich die mehrsprachige Person im einsprachigen Modus. In Gegenwart einsprachiger Personen, die nur eine Sprache der mehrsprachigen Person kennen, ist die mehrsprachige Person gezwungen, sich nur dieser einen Sprache zu bedienen. Man nimmt an, dass die bilinguale Person ihre den GesprächspartnerInnen angemessene Sprache aktiviert und ihre anderen Sprachen deaktiviert. Dies geschieht mehr oder weniger unbewusst und automatisiert. So kommt es, dass bilinguale Personen, die dies vollständig schaffen und die Sprache des Gegenübers „perfekt" (z.B. akzentfrei) sprechen, meist als einsprachig in dieser Sprache wahrgenommen werden (vgl. Grosjean 2020). In unserem Beispiel 21 weiß Zeren, dass ihre Gesprächspartnerin kein Türkisch verstehen und sprechen kann. Basissprache des Dialogs ist Deutsch, dennoch mischt sie türkische Begriffe und einen Satz in die ansonsten deutschbasierte Konversation. Die drei aus der Erstsprache entnommenen Elemente und Strukturen führen zu unterschiedlichen (Miss-) Verständnissen: Die Gesprächspartnerin kann den ganzen auf Türkisch geäußerten Satz („Çiş yapcam daha.") nicht verstehen. Sie missinterpretiert Zerens Äußerung unter Einbezug des Kontextes als Wunsch nach einer „Rast". Leichter fällt es der monolingualen Gesprächspartnerin mit den einzelnen Substantiven, die Zeren aus der türkischen Sprache entlehnt: -„Bisiklet" kann aus dem Kontext als „Fahrrad" interpretiert werden (wie „bicycle" (E) oder „bicyclette" (F)), und „tuvalet" ähnelt sogar phonologisch der deutschen Bezeichnung Toilette. Da Zeren aber erst mit dem Erwerb des Deutschen begonnen hat, hilft sie sich an dieser Stelle mit dem Ausdruck oder einem Satz aus der Erstsprache – ähnlich wie wenn uns in einer Konversation mit einem Briten ein Wort mal nicht einfällt (I bought a dings – Bollerwagen –, you know?).

Am anderen Pol, dem bi- oder multilingualen Modus, kommuniziert die mehrsprachige Person mit anderen Mehrsprachigen, welche dieselben Sprachen sprechen und Sprachmischungen akzeptieren und praktizieren.

Auf dem Kontinuum der Sprachmodi gibt es unzählige Abstufungen der gemischtsprachigen Kommunikation, in dem sich die GesprächspartnerInnen auf eine gemeinsame Basissprache verständigen. Gemischtsprachige Kommunikation beinhaltet das Hin- und Herwechseln zwischen verschiedenen Sprachvarianten oder Codes (Code Switching) und die Nutzung von Entlehnungen.

Der deutlichste Unterschied zwischen dem bilingualen Pol und dem gemischtsprachigen Modus liegt daher erstens in der Sprachkompetenz der beiden GesprächspartnerInnen (im bilingualen Modus müssen beide die Sprachen gut beherrschen) und zweitens in dem Sprachmischungsverhalten: Während die bilingualen SprecherInnen im bilingualen Modus eifrig zwischen den Basissprachen wechseln und Sprachmischungen einbauen, erfährt dieses Sprecherverhalten im gemischtsprachigen Modus einen Dämpfer. Wenn sich ein/e bilingualer SprecherIn z.B. mit einer Person verständigen möchte, die eine der beiden Sprachen sehr gut und die andere nur in Ansätzen beherrscht, wird sie sich auf die Sprache beschränken, die von beiden gesprochen wird, und zu häufige Sprachmischungen vermeiden. Wer kennt dies nicht: Man hat sich mühsam ein paar Wörter und Redewendungen auf Schwedisch angeeignet und versucht, beim nächsten Göteborg-Urlaub damit eine Zimtschnecke zu kaufen. Schon beim ersten Versuch: „En kanelbulle, tack!“ kommt die Antwort des Verkäufers auf Englisch: „Twenty crowns, thank you!“. Aus Ihrer Aussprache und Ihrem Verhalten wurde geschlossen, dass sie beide doch eher in die (angenommen) gemeinsam geteilte Basissprache Englisch wechseln sollten, falls die Bestellung noch komplizierter werden sollte.

Das Beispiel zeigt: Die Wahl der gemeinsamen Basissprache beruht auf personalen Faktoren, wie etwa die jeweiligen sprachlichen Fähigkeiten oder sprachliche Vorlieben. Auch die Situation und das Thema spielen eine Rolle: Wo die SprecherInnen sich befinden (in Kita oder Schule, in der Bäckerei, in einem Bewerbungsgespräch), ob auch einsprachige Personen anwesend sind und ob es um sehr persönliche Anliegen geht „für die mir in einer anderen Sprache einfach die Sprache fehlt“. Manchmal besteht auch der Wunsch, Distanz zwischen GesprächspartnerInnen zu schaffen, oder es soll bewusst eine Person ausgeschlossen werden.

Sprachmodi können somit als Verhaltensvarianten der zweisprachigen SprecherIn verstanden werden: Die Sprachverarbeitung wie die Sprachproduktion einer bilingualen Person passen sich unbewusst an ihre differenzierte Umgebung an. Diese Anpassung wird dabei durch verschiedene Faktoren beeinflusst: die GesprächsteilnehmerInnen selbst, der soziale und sprachliche Hintergrund der Personen, die Situation und die Funktion des Sprechaktes. Die Beispiele 20, 21 und 22 unterscheiden sich in diesem Sinne folglich auf verschiedenen Ebenen: (monolinguale vs. bilinguale AdressatInnen; Radiosendung vs. Spielsituation; Jugendliche vs. Kinder vs. Erwachsener).

2.2 Sprachmischungen – vermischte Sprachen?

Studien, die sich mit den Sprachmodi nach Grosjean beschäftigt haben, konnten nachweisen, dass die jeweils andere Sprache – wie für den monolingualen Pol angenommen – nur ganz selten vollständig deaktiviert wird: es treten Sprachmischungen auf. Sprachmischungen sind dabei nicht zufällig: sie werden als Abweichungen sichtbar, indem sprachliche Mittel aus der gerade nicht gesprochenen Sprache übertragen und eben auch geäußert werden. *Sprachmischung* wird hier nach soziolinguistischem Verständnis als Überbegriff für das Vermischen von Charakteristika zweier oder mehrerer Sprachen genutzt. Solche Übertragungen können alle Sprachebenen betreffen, d. h. sie können phonologisch, semantisch, lexikalisch, syntaktisch, und auch pragmatisch sein (Kap. 1) und in allen Modalitäten (mündlich, schriftlich, Gebärdensprache (Kap. 1.4)) vorkommen (vgl. Grosjean 2020). Sie sind an einen konkreten Kontext gebunden und umfassen die Untertypen *Code-Switching*, *Borrowing* und *Transfer*. In der sprachwissenschaftlichen Literatur werden verschiedene Ursachen für das Auftreten von Sprachmischungen diskutiert.

Autoren wie Petersen (1988) oder Bernadini/Schlyter (2004) schlagen vor, dass Sprachmischungen als Indiz dafür gelten können, dass eine der beiden Sprachen einer bilingualen Person stärker entwickelt ist als die andere (*Dominant Language Hypothesis*). Weiter dienen Sprachmischungen dazu, lexikalische Lücken zu füllen (Gap Filling) (Kap. 1). Während Sprachmischungen im Falle des Gap Filling als Ausdruck der kommunikativen Kompetenz gewertet werden, nehmen VertreterInnen der Dominant Language Hypothesis an, dass Sprachmischungen unidirektional sind. Dies bedeutet: Es werden ausschließlich Elemente und/oder Strukturen der besser entwickelten Sprache in die weniger entwickelte Sprache gemischt. Wenn die bilinguale Person jedoch in ihrer stärker entwickelten Sprache spricht, sind keine Mischungen zu erwarten. Doch wie kann bestimmt werden, welche Sprache einer bilingualen Person und – mehr noch – eines zweisprachig aufwachsenden Kindes die stärker entwickelte Sprache ist?

Mit dem *Konzept der Sprachdominanz* soll dieser Umstand erfasst werden. Auch dieser Begriff kann aus verschiedenen Perspektiven interpretiert werden, von denen drei besonders herausragen.

- **Sprachdominanz kann** sich erstens auf die bevorzugte Sprache beziehen (Döpke 1992). Hier wird Sprachdominanz mit *Sprachpräferenz* gleichgesetzt. Dabei ist zunächst irrelevant, ob es sich um die Sprache handelt, die in einem oder mehreren sprachlichen Bereichen (Grammatik, Phonologie, Lexikon, Pragmatik) besser entwickelt ist als die andere.

- Zweitens wird Sprachdominanz in der linguistischen Forschungstradition, die sich mit den grammatischen Aspekten von Sprache befasst, als der morphosyntaktische und syntaktische Vorrang einer der beiden Sprachen einer bilingualen Person über die andere verstanden (Petersen 1988). Dies wird häufig mit einem weiter entwickelten grammatischen System in der dominanten Sprache begründet. Zeren – in Beispiel 21 – beginnt erst mit dem Erwerb des Deutschen, ihr grammatisches System des Türkischen ist im Alter von drei Jahren aber schon in Grundzügen erworben (Kap. 1). Nach dieser Annahme wären dann Sprachmischungen auf grammatischer Ebene und eine Beeinflussung des Deutschen durch Zerens Erstsprache Türkisch zu erwarten.
- Drittens kann sich der Begriff der Sprachdominanz auch auf die Umgebungssprache beziehen und steht dann in engem Zusammenhang mit dem Erwerbskontext. Für Kinder wie Zeren wie auch für die türkischsprachige Jugendliche in Beispiel 20 wäre demnach Deutsch die dominante Sprache – sie ist in Deutschland die Sprache der Mehrheit und für zweisprachige Kinder und Jugendliche die Sprache, in der sie ihre Schulbildung absolvieren.

Häufig werden die drei Begriffsdefinitionen von Sprachdominanz nur unscharf voneinander getrennt und treffen im individuellen Fall möglicherweise auch alle drei zu: In unserem Beispiel 20 präferiert die Jugendliche die türkische Sprache. Die Dominanz des Türkischen zeigt sich an den Stellen, an denen deutschsprachige Wörter in den türkischsprachigen Dialog eingeflochten und grammatisch dem Türkischen angepasst werden („İki defa Kindergarten´da yaptım." = Ich habe (mein Praktikum) zwei Mal im Kindergarten gemacht). Deutsch ist aber die Sprache, die für die Jugendliche die Umgebungssprache ist und so im Alltag dominiert.

Im Folgenden werden wir von *Sprachdominanz* sprechen, wenn eine der beiden Sprachen auf grammatischer Ebene qualitativ und quantitativ stärker entwickelt ist als die andere. Wichtig ist: dieses Verhältnis kann sich über die Lebensspanne ändern und ist nicht statisch (Kap. 3).

Insbesondere Kinder, die Deutsch als Zweitsprache erwerben, sind vielleicht, wie Zeren, im vierten Lebensjahr in ihrer Erstsprache (Türkisch), dominant. Mit Kita- und Schuleintritt ändert sich dies, da Deutsch jeden Tag in viel mehr Zusammenhängen und auch in der Schriftsprache weiter ausgebaut wird, sodass Zeren mit 9 Jahren im Deutschen dominant ist. Nach dem Übergang in das Gymnasium wählt sie – neben den Fremdsprachen Latein und Spanisch – das Fach Türkisch und macht darin Abitur: Sie könnte mit 16 balanciert bilingual Türkisch-Deutsch sein. Nach der Schule wandert sie nach Buenos Aires aus und benutzt Türkisch und Deutsch kaum noch – mit 32 ist ihre dominante Sprache Spanisch.

Der Begriff der *Sprachpräferenz* bezeichnet dagegen die grundsätzliche Bevorzugung einer der beiden Sprachen oder die Bevorzugung einer der beiden Sprachen in einem bestimmten Kontext, die häufig psychologisch und soziokulturell bedingt und zunächst unabhängig von der grammatischen Kompetenz ist.

Sprachmischungen können linguistisch begründet sein, sind aber darüber hinaus auch durch soziale und psychologische Faktoren auslösbar und führen dann unter Umständen zu einem sehr spezifischen Gesprächsstil. In diesen Fällen markieren sie Gruppenzugehörigkeit, Solidarität oder die soziale Schicht. So werden beispielsweise bestimmte Jugendsprachstile gerade durch systematische Sprachmischungen geprägt. Der Gebrauch von sprachlichen Varianten kann wie jede andere Varietät unter Umständen zur Ein- und zur Ausgrenzung von Individuen führen – die Gruppenzugehörigkeit wird an der Sprache sichtbar. Ohne Hintergrundwissen oder ohne Kenntnis der Sprache(n), die vermischt werden, fällt es uns schwer, Äußerungen wie die von Zeren („Çiş yapcam daha." = Ich muss noch aufs Klo.) oder den Werbetext der Lufthansa zu verstehen.

Mischmasch stärkt die Zugehörigkeit

„Ich bin Bahnhof. Wart dich seit zehn Minuten, valla. Wo bist du, kızım?" spricht ein etwa siebzehnjähriges Mädchen an einem S-Bahnhof in Hamburg in ihr Mobiltelefon. Seit den 1990er Jahren erlangt der Sprachgebrauch mehrsprachig aufwachsender Kinder eine besondere Aufmerksamkeit in vielen gesellschaftlichen Bereichen. Begründet durch die zunehmende Zahl von mehrsprachig aufwachsenden Kindern in deutschen Schulen und durch die Präsenz der gemischtsprachlichen Praxis Jugendlicher in der Öffentlichkeit haben sich „Mischmasch", „Mixmax" oder „Mischsprache" (vgl. Keim 2017) etabliert, deren jugendliche SprecherInnen sich in bestimmten Stadtteilen deutscher Metropolen mit Großwohnsiedlungen zusammenfanden. Die Sprechpraxis der jugendlichen MigrantInnen, darunter türkische Jugendliche als die größte Gruppe, wird unter anderem durch die Vereinfachung/Übergeneralisierung bestimmter grammatischer Formen (Auslassung von Präpositionen oder generalisierte Präpositionen und Artikel), einfache oder Verwendung generalisierter Verbformen, die Mischung anderssprachlicher Anrede und Schimpfformeln oder besondere prosodische und phonetische Merkmale des Sprechens (insbesondere die Aussprache des gerollten „r") charakterisiert. Häufig werden Formeln wie isch schwör und türkische Anreden wie lan („Mann, Kerl"), moruk („Alter") verwendet (vgl. Cindark/Devran 2020).

Neben den männlichen Sprechern, beispielsweise der Hip-Hop-Szene, tauchen in der Literatur jugendliche Migrantinnen wie die Mannheimer „Powergirls" als weibliche Figuren auf, die ihre „Mischsprache" als ein hoch stilisiertes und kreatives Identitätsmerkmal nutzen. Keim (2007, 464) stellt heraus, dass diese Stilbildung von einem gruppenbezogenen Selbstbild ausgeht, das sich im Spannungsfeld unterschiedlicher Bezugswelten (z.B. Deutschtürkin, Muslimin, türkische Frau mit Kopftuch) befindet.

Die SprecherInnen der „Mischsprache" verfügen über reichhaltige Ressourcen aus beiden Sprachen und zeigen sich hoch reflektiert über ihre Sprechpraxis. Die Powergirls beherrschen den Mannheimer Dialekt genauso gut wie die türkische Varietät und die deutsche Schrift- und Lautsprache. Sie verstehen es, mit Deutschen auf Deutsch, mit TürkInnen auf Türkisch zu sprechen, und wählen in türkisch-deutsch-bilingualen Gruppen die gemischte Form des Sprechens, wobei sie mal das Türkische, mal das Deutsche als Basissprache etablieren.

Die verschiedenen Studien belegen, dass Mischsprache spezifischen Mustern der Kommunikation unterliegt und durch die komplexen sozialen Lebenswelten von mehrsprachig aufwachsenden Kindern hervorgebracht wurde. Nach ausführlichen linguistisch motivierten Diskussionen darüber, ob Mischsprache eher eine Modeerscheinung als eine neue Varietät des Deutschen ist, fasst Keim (2017) ihre langjährigen Studien zu den Mannheimer Powergirls zusammen: Auch wenn die Mischsprache unter

„grammatischem Aspekt (noch) keine eigene Varietät bildet, ist sie unter soziolinguistischem Aspekt eine eigenständige Ausdrucksform, die zu dieser sozialen Welt gehört. […] Am Ende der Beobachtungszeit haben die jungen Frauen erfolgreich die höheren Schulen abgeschlossen und eine Ausbildung oder einen akademischen Abschluss erreicht. Ihr Selbstbild jenseits ethnischer Kategorien als „Deutsch-Türkin" hat sich stabilisiert. Als Symbol dafür fungiert die Mischsprache, die sie auch zum ausschlaggebenden Kriterium für die Partnerwahl machen: Als Partner kommen nur Personen in Frage, die ebenfalls Mischsprache sprechen." Keim (2017, 327ff.)

Keim/Knöbl (2007) zeigen in ihren Studien darüber hinaus, dass sich die SprecherInnen strikt von der medial inszenierten „Kanak Sprak", die häufig fälschlicherweise mit der Sprechweise der Jugendlichen gleichgesetzt wird, distanzieren (vgl. Cindark/Devran 2020).

Code-Switching als die bekannteste Form von Sprachmischungen umfasst den Wechsel zwischen zwei Sprachen innerhalb eines einzigen Diskurses, eines Satzes oder einer Konstituente. Der Übergang von der einen in die andere Sprache geschieht dabei in der Regel ohne zu pausieren oder innezuhalten. Nach dem Kontinuum der Sprachmodi sind Sprachmischungen regelgeleitet und werden durch soziale Funktionen charakterisiert. Code-Switching geht mit einem Wechsel der Basissprache einher und kann durch verschiedene Faktoren, wie neue GesprächspartnerInnen, ein Wechsel des Themas oder eine neue Umgebung, ausgelöst werden: Zu zwei französisch-finnischen bilingualen Sprechern, die sich eben noch auf Französisch unterhalten haben, tritt der nur Finnisch sprechende Freund, und schon passen sich die bilingualen Gesprächspartner ihrem neuen Zuhörer an – indem sie ihr Gespräch auf Finnisch fortsetzen. Sofern sie sich weiter auf Französisch unterhielten, wäre dies möglicherweise ein Signal dafür, dass der Inhalt des Gesprächs nicht für die Ohren des Freundes bestimmt ist, dass sie einfach vergessen haben, dass ihr Freund kein Französisch spricht oder dass sich das Thema des Gesprächs einfach besser auf Französisch als auf Finnisch erörtern lässt.

Hier wird außerdem deutlich, dass sich eine bilinguale Person ständig auf dem Kontinuum der Sprachmodi bewegt und dass der jeweilige Sprachmodus einen Einfluss auf das Code-Switching hat: Aufgrund der Veränderung eines einzelnen Faktors können die bilingualen SprecherInnen vom bilingualen in den gemischtsprachigen Modus wechseln und ihre Sprachproduktion wird mehr oder weniger stark von Code-Switching geprägt sein. Allein die Annahme, dass eine bestimmte Umgebung (z. B. in der Schule, in der Kirche oder vor Gericht) oder ein bestimmtes Thema (z. B. das Ausdrücken von Gefühlen, ein Gebet, eine Rechtsfrage) die andere als die vorher verwendete Sprache verlangt, führt unter Umständen dazu, dass die bilinguale Person von der einen Sprache in die andere Sprache wechselt.

Code-Switching kann *intersententional* oder *intrasententional* sein. Intrasententionales Code-Switching findet innerhalb eines Satzes statt: Z. B. werden entweder Wörter aus einer zweiten Sprache in einen deutschen Satz eingebaut („Vielleich um tuvalet gehen?"; „Senken Sie beispielsweise die Reisekosten Ihres Unternehmens mit Freiflügen oder lassen Sie Ihre Mitarbeiter auf Geschäftsreisen von Upgrades, Sitzplatz-Reservierungen, Lounge-Zugängen oder dem Bord-Internetzugang FlyNet® profitieren."). Im intersententionalen Code-Switching schwenkt die Person nach einer Satzgrenze in die jeweils andere Sprache um („Du bis das habe. Ich das da. Çis¸ yapcam daha."; „Onuncu sınıftan sonra Berufsschule´ye gitcem. Und das ist über Kindergarten.")

Im vorhergehenden Beispiel können wir eine weitere und die häufigste Form des intrasentationalen Code-Switching entdecken: *Borrowings*. Wie weiter oben aufgeführt, wechselt Zeren, obwohl im monolingualen Modus, an einigen Stellen in die Nicht-Basissprache und verwendet einzelne Lexeme aus dem Türkischen. Es fällt der einsprachigen Erwachsenen leichter, die einzelnen Substantive, die Zeren aus der türkischen Sprache entnimmt („bisiklet“, „tuvalet“), zu verstehen. Diese lexikalischen Entlehnungen aus anderen Sprachen in die Basissprache werden, sofern sie aus uns vertrauten Sprachen wie Englisch, Französisch oder Latein stammen, häufig gar nicht mehr bemerkt, und können in den allgemeinen lexikalischen Bestand einer Sprache als Lehnwörter eingehen (siehe das Beispiel 22 – „Upgrade“; Business Class“). Sie sind zunächst individuell und an die konkrete Situation gebunden (wie in Zerens Beispiel „tuvalet“), können aber Teil des Sprachgebrauchs der Sprachgemeinschaft werden („Snack“, „Call-Center“, „Service“, „Portmonee“, „déjà vu“).

Häufig bezeichnen Borrowings Eigennamen oder spezielle Dinge und Orte, die in der Erstsprache semantisch nicht so genau gefasst werden und folglich nicht übersetzt werden können. Entlehnungen betreffen also nicht nur die Form, sondern auch den Inhalt eines Wortes: Eine deutsche Berufsschule ist eben genau diese – eine türkische Umschreibung wie „sanat okulu“ würde sich eben allenfalls auf eine Berufsschule in der Türkei beziehen und sich so semantisch erheblich von der durch das deutsche Bildungssystem bestimmten Schulform unterscheiden. Dabei wird deutlich, dass spontane Entlehnungen („Bollerwagen“), die nur von einer Person in einem konkreten Gespräch entlehnt werden, von Borrowings, die in die Sprache fest integriert werden, unterschieden werden müssen.

Sprache wird durch solche Fremdwörter, die auch von einsprachigen Personen verwendet werden, lebendig; oder wussten Sie, dass das Adjektiv „penibel“ aus dem Französischen stammt und eigentlich „mühsam“, „beschwerlich“, „anstrengend“ oder „peinlich“ bedeutet und seinen Ursprung im lateinischen *poena* (Sühne, Strafe, Qual) hat?

Transfer als weitere Form der Sprachmischung meint Übertragungen von einer Sprache in die andere, wobei sowohl von der Erst- in die Zweitsprache als auch von der Zweit- in die Erstsprache transferiert werden kann (Kap. 1).

Wie schon weiter oben angesprochen, können Sprachmischungsphänomene auch in den individuellen sprachlichen Fähigkeiten einer Person begründet sein. Die Lernersprache (Interlanguage) des oder der Zweitsprachlernenden ist ein sich entwickelndes System. So ist die Diskussion um das Sprachmischungsverhalten als Kennzeichen des Sprachgebrauchs Mehrsprachiger eng mit der Frage nach der sprachlichen Kompetenz verknüpft. Dies gilt umso mehr für Kinder mit Migrationshintergrund, welche die Aufgabe bewältigen müssen, in einem soziokulturell von der Zweitsprache dominierten Umfeld sprachlich zu handeln. In ihrem Erwerb der Zweitsprache unterscheiden sie sich zu jedem Zeitpunkt von der Sprachkompetenz monolingualer Gleichaltriger. Sprachmischungen werden von der monolingualen Mehrheit als Abweichungen von der monolingualen Norm erlebt. Gerade kleine zweitsprachlernende Kinder sind sich nicht immer bewusst, dass sie zwei Sprachen miteinander vermischen. Erst in der Auseinandersetzung mit der zweiten, der gesellschaftlich dominanten Sprache erwerben sie die Fähigkeit, ihr Sprachmischungsverhalten im Sinne der Sprachmodi an die Gesprächssituation zu adaptieren und Sprachmischungen so bewusst einzusetzen, wie sich in den Beispielen 23–25 zeigt.

BEISPIEL

Beispiel 23

Hakan (H), 2;1 Jahre alt, lernt seit einem halben Monat Deutsch und spielt mit einer monolingual deutschen Gesprächspartnerin (I). Hakan und seine Gesprächspartnerin schauen sich Fingerpuppen an.
I: „Oh, was hat hier das Gespenst? Das hat was verloren. Wo isn der Elefant?“
H: „araba.“ Hakan schaut aus dem Fenster.
I: „Draußen, ne?“
H: „araba.“ Hakan zeigt auf etwas auf der Straße.
I: „Kann sein.“
H: „araba deldi.“ Hakan betrachtet wieder die Handpuppe in seiner Hand.
I: „Isn Auto. Mhm. Fehlt noch jemand? Die Oma? Oma!“
H: „aldım her şeyini“. Hakan hält die Oma in der Hand.
H: „aldım.“ Hakan legt die Oma auf den Tisch und bückt sich nach unten.
I: „Gerettet.“
I: „Is noch jemand da unten?“
H: „oma.“ Hakan sucht auf dem Boden. Die Gesprächspartnerin hält ihn.
I: „Oma? Nee. Jetzt sind sie alle hier. Kuck ma, die Oma.“
H: „kuck ma.“ Beide beugen sich über den Tisch.
H: „kuck mal.“ Draußen sind Kinderstimmen zu hören. Hakan horcht.
I: „Ach, kuck ma hier. Die Maus. (...). Hat sich versteckt in deiner Tasche. Sowas. Ja?“
H: „parka gidiyler.“
I: „Mhm.“

BEISPIEL

Beispiel 24

Funda (F) und Seren (S), beide ca. 4;7 und 5 Jahre alt, wachsen türkisch-deutsch sukzessiv bilingual auf und basteln mit ihrer deutsch-monolingualen Freundin Janine (J) und der Erzieherin (I)).
I: „So, Funda, erkläre doch mal den andern beiden, was wir basteln wollen."
F: „ähm, guck ma, ich muss dieser machn!" F zeigt, was sie noch aufkleben will.
I: „Funda, erkläre mal den beiden, was wir basteln! (...)"
F: „ok."
J: „sag mal!"
S: „soll ich Funda das auf türkisch sagen? (...)"
I: „Ne, Funda soll es dir sagen."
F: „(...) was soll ich denn sagen?"
I: „Was wir hier machen."
S: „Funda, ne yaptın? burada."
F: „nee, weiß ich nicht. eine ...?"
S: „ich weiß was!"
I: „Na, denn sag, Seren."
S: „ein ... drache!"
I: „Genau, ein Drachen."

BEISPIEL

Beispiel 25

Personen wie in Beispiel 24
S: „ähm, dings. A. sie hatte L. schon mal so festgenommen, so und dann hat sie so geweint und denn komm L. und da hab ich gesagt denn geh mal zu einen erzieher denn is sie mit mir gegangen dann und dann hab warn wir bei, dann warn, dann warn wir bei /"
F: „schlagt!"
S: „nein! äh und dann, äh, ähm /"
F: „Seren, almancasını bilimiyor da türkçesini söyle."
S: „die können doch nicht türkisch reden, ne?"

Die Frage danach, ob jedes zweisprachige Kind auch zu einer/einem bilingual kompetenten SprecherIn wird, sich in beiden Sprachen eloquent verständigen kann und keine Schwierigkeiten damit hat, sich stets auf dem Kontinuum der Sprachmodi zu bewegen, wird von vielen Faktoren beeinflusst (Kap. 1).

Wesentliche Aspekte sind neben dem Alter zu Beginn des Spracherwerbs, die Kontaktdauer zu allen Sprachen, die Bedingungen zum Erwerb der Erst- und der Zweitsprache und die individuelle Identitätsentwicklung (Kap. 3 und 4). Gerade Letztere steht sowohl mit der Sprachpräferenz wie auch mit der Sprachdominanz in Wechselwirkung. Viele der Kinder, die ihre Mehrheitssprache Deutsch als frühe Zweitsprache erwerben, nutzen ihre Erstsprache mit zunehmendem Alter weniger in institutionellen Kontexten wie der Schule oder der Universität. Sie können bei nur geringem Kontakt mit SprecherInnen ihrer ersten oder zweiten Sprache ihre einmal erworbenen Sprachfähigkeiten verlieren oder ihre sprachlichen Fähigkeiten nicht auf allen Ebenen entwickeln.

Übung 7

Bestimmen Sie den Modus und die Varianten von Sprachwechsel in den drei Beispielen 23, 24 und 25. Beachten Sie dabei die Reaktion der erwachsenen Gesprächspartnerinnen und überlegen Sie, ob deren sprachliches Verhalten für den Zweitspracherwerb von Hakan und Funda fördernd oder hindernd ist.

2.3 Sprachverlust bei Mehrsprachigkeit

Die wissenschaftliche Erforschung des Sprachverlusts betrachtet zwei unterschiedliche Formen: Erstens den Verlust einer Minderheitensprache in mehrsprachigen Gesellschaften und zweitens den Verlust von Sprachen bei (mehrsprachigen) Individuen.

In Gesellschaften, in denen Sprachen in einem Mehrheits- bzw. Minderheitenverhältnis zueinander stehen, tritt Sprachverlust dann auf, wenn verschiedene Faktoren den Gebrauch einer Sprache durch eine Minderheit stark beeinflussen. Ein wichtiger Aspekt ist, dass die Mehrheitssprache (in Deutschland also Deutsch) immer stärker die Funktionen der Minderheitensprache ersetzt.

In diesem Zusammenhang führen Bedingungen wie die Sprachpräferenz des Individuums, die auch in der Ablehnung der eigenen Herkunftssprache resultieren kann, oder die bewusste Orientierung und Konzentration auf die Zweitsprache zu einer Veränderung der individuellen Mehrsprachigkeit. Wenn ein/e SprecherIn der Minderheitensprache seinen/ihren individuellen sozialen und gesellschaftlichen Aufstieg nur durch die Anpassung an die offizielle Sprache und Kultur des Staates verwirklichen kann, gerät die Minderheitensprache auch gesamtgesellschaftlich betrachtet immer weiter in den Hintergrund. Institutionalisierung und Status einer Sprache, wie auch die Funktionalität im Alltag oder die Stigmatisierung von Minderheitensprachen (Englisch vs. Farsî), der mehr oder weniger intensive Kontakt mit dem Ursprungsland, die Größe der Sprachgemeinschaft und die soziale Mobilität der sprachlichen Minderheit wie des bilingualen Individuums beeinflussen die Sprachverlusttendenz einzelner Minderheitensprachen in einem Mehrheitskontext stark.

„Vielfalt in Gefahr: Alle zwei Wochen stirbt eine Sprache

Dass Sprachen gefährdet sind, hat vielfältige Gründe: Krieg, Vertreibung und Stigmatisierung gehören ebenso dazu wie Migration und Vermischung der Sprachen. In vielen Ländern werden immer weniger Bücher und Lehrbücher in lokalen Sprachen und Dialekten gedruckt. Dies bedroht die Vielfalt kultureller Ausdrucksformen und bewirkt die soziale Isolierung kleinerer Sprachgemeinschaften. Dabei steht jede Sprachvariante für eine eigene Sicht der Welt. Dies gilt für Ureinwohnersprachen auf Papua-Neuguinea genauso wie für die Weltsprache Englisch. Nach Einschätzung der UNESCO sind 2.500 Sprachen bedroht. Der Atlas der bedrohten Sprachen listet sie nach Name, Bedrohungsgrad und Region auf. (…) Auch aus Deutschland sind 13 Regional- und Minderheitensprachen als gefährdet gelistet“ (Zitiert nach: Welt der Wunder (2021), ein Online-Artikel anlässlich des Tages der Muttersprache 2021).

In Bezug auf den Sprachverlust durch Individuen (*Language Attrition*) ist zu unterscheiden, ob er durch physische (z.B. durch Aphasie) oder nicht-physische Bedingungen verursacht wird. In letzterem Fall ist zwischen bewusster Sprachaufgabe und erzwungenem Sprachverlust zu differenzieren (Luchtenberg 2000, 10). Der geringe oder vollständig fehlende Kontakt zu einer der beiden Sprachen wird als wesentlicher Faktor für den Verlust angesehen. So zeigt z.B. die Studie von Flores (2007) eindrucksvoll, wie sich die sprachlichen Fähigkeiten von deutsch-portugiesischen RemigrantInnen nach dem Umzug von Deutschland nach Portugal verändern.

Verschiedene AutorInnen betonen darüber hinaus, dass nicht jeder sprachliche Teilbereich dem Sprachverlustprozess in gleichem Maße ausgesetzt ist. Schon ein geringerer Kontakt mit der von Sprachverlust bedrohten Sprache kann auch bei gleich guter Beherrschung beider Sprachen zu einer Beeinträchtigung des Wortschatzes führen, und eine vollständige Migration hat nachhaltigen Einfluss auf den Umfang des Lexikons.

Ein tiefgreifender Wortschatzverlust ist jedoch nicht mit einem vorübergehenden Nicht-Erinnern bestimmter Wörter gleichzusetzen. Letzteres werden eher als Produktionsprobleme im Bereich der Sprachverarbeitung statt als Verminderung des lexikalischen Wissens interpretiert. In Bezug auf die morphologischen Kenntnisse werden darüber hinaus unregelmäßige Flexionsformen („gemacht – gegangen“) schneller verlernt als regelmäßige.

Im Bereich der Syntax nimmt man an, dass Sprachverlust vor allem diejenigen Strukturen der nicht verwendeten Sprache betrifft, die entsprechende Formen in der dominanten Sprache haben, wohingegen die Wortstellung von Sprachverlust weniger offensichtlich betroffen ist. Die einfache Satzstruktur wird noch lange Zeit gut beherrscht (z. B. Verbzweitsätze mit initialem Subjekt im Deutschen: „Ich esse ein Eis. Oma kauft Milch.“), wohingegen hypotaktische Konstruktionen oder komplexe Sätze („Ich esse ein Eis, während Oma die Milch mit der rot-blau-weißen Kuh darauf kauft.“) im Sprachverlustprozess vermieden werden.

In zwei Sprachen lesen und schreiben?

Bei Kindern und Jugendlichen, die Deutsch als zweite Sprache erwerben, wurde schon früh erkannt, dass die Beherrschung der Schriftsprache der Mehrheitsgesellschaft eine Voraussetzung für gesellschaftliche Teilhabe und Schulerfolg ist. In der Frage, ob denn beide Sprachen gleichzeitig als Schriftsprache angeboten werden können oder ob man sich vom Beginn des Schriftspracherwerbs (Literalisierung) an nur auf das Deutsche beschränken sollte, ist man sich jedoch uneins. Zu welchem Zeitpunkt dürfen Kinder mit Schrift konfrontiert werden, um sie nicht zu überfordern? Noch in den 1970er Jahren ging man davon aus, dass Schrift im Kindergarten generell „zu vermeiden“ sei. Bücher sollten von Erwachsenen nur gezielt und unter Aufsicht angeboten werden, und bei sprachauffälligen Kindern wird auch heute noch gefordert, dass vor dem Schriftspracherwerb zunächst die Lautsprache „korrekt“ erlernt werden solle.

Entwicklungspsychologisch ist es nicht zu begründen, dass mit dem Lesen und Schreiben erst mit Schuleintritt begonnen werden darf. Im Gegenteil bewerten Studien eine möglichst frühzeitige Förderung der „Frühen

Literacy" als positiv (für einen Überblick vgl. BiSS-Sprachbildung 2021). Das Interesse an Schrift, Symbolverständnis, Sprachgefühl, der Umgang mit Büchern, Lesefreude und schriftsprachbezogene Kompetenzen bilden sich schon in den ersten Lebensjahren aus. Bei Kindern mit Down-Syndrom oder mit Hörbeeinträchtigungen beginnt der Schriftspracherwerb zum Teil bereits im Alter von drei Jahren. Kinder mit frühen Literacy-Erfahrungen erwerben später bessere Laut- und Schriftsprachfähigkeiten. Doch gilt dies auch für Kinder, die Deutsch als Zweitsprache erwerben?

Wie in Ansätzen zum Lautspracherwerb herrschte in Bezug auf den Schriftspracherwerb von Kindern, die Deutsch als Zweitsprache erwerben, lange die Befürchtung vor, dass ein gleichzeitiges Angebot zweier Schriftsprachen zur Verwirrung führe, die unweigerlich zu einer Behinderung des Erwerbs der deutschen Schriftsprache führen müsse. Dem entgegen stehen Erfahrungen aus bilingualen Alphabetisierungskonzepten.

Bei der koordinierten Alphabetisierung in der Grundschule erfolgt die Alphabetisierung im Deutschen parallel zur und in Absprache mit der Alphabetisierung im herkunftssprachlichen Unterricht. Bei der kontrastiven Alphabetisierung im DaZ-Unterricht werden Sprachvergleiche mit der Erstsprache angestellt, Übersetzungen angefertigt und eigene zweisprachige Lernmaterialien erstellt (Bulut/Feldmeier 2013).

Das gleichzeitige Angebot zweier schriftsprachlicher Systeme verwirrt Kinder nicht. Im Gegenteil: Sprachliche Bildung in der Erstsprache stärkt das Selbstwertgefühl mehrsprachiger Lernender. Sprachvergleiche werden möglich und fördern die Sprachenbewusstheit, was durch zweisprachige Alphabetisierung auch dem Zweitspracherwerb zugutekommt (vgl. Weber 2018). Darüber hinaus zeigen gerade die frühen Texte zweitsprachlernender Kinder, dass der Prozess der Literalisierung früher beginnt, als die Kinder in die Schule eintreten. Kinder mit anderen Sprachhintergründen bringen ihre frühen Literalisierungserfahrungen häufig aus ihrer Erstsprache mit. Sie sind in bilingualen Klassen besonders erfolgreich. Anscheinend können zweitsprachlernende Kinder diese Kenntnisse und Kompetenzen im bilingualen Kontext besser entfalten, weiterentwickeln und auf die andere Sprache transferieren. Es zeigte sich weiter, dass die Kompetenz in der lautsprachlichen Variante der Zweitsprache keinen wesentlichen Einfluss auf die Entwicklung der schriftsprachlichen Variante der Zweitsprache hat.

Gerade in Phasen des Zweitspracherwerbs, in denen sich die Zweitsprache noch entwickelt, sind Sprachmischungen bei Kindern häufig: Sie nutzen ihr Wissen und besonders die Lexeme aus der Erstsprache, um die Kommunikationssituation aufrecht zu erhalten. Dabei lernen Sie nach und nach, in welchem Sprachmodus sie sich gerade bewegen und welche Sprachmischungen in welcher Form in der jeweiligen Gesprächssituation angemessen sind.

Zusammenfassend lässt sich festhalten, dass mehrsprachiges Aufwachsen spezifische Charakteristika zeigt. Der Sprachgebrauch wie auch der Erwerb von mehreren Sprachen im Kindesalter wird von verschiedenen Faktoren beeinflusst. Ob ein zweitsprachlernendes Kind später im Rahmen der monolingualen Variationsbreite einem Gleichaltrigen ebenbürtige Fähigkeiten ausbildet oder ob es in einer der beiden Sprachen zu Sprachverlust kommt, hängt von vielen Faktoren ab: Erwerbssituation, Alter zu Beginn des Erwerbs in den Sprachen, Kontaktdauer zu L1, L2 und weiteren Sprachen, Qualität und Quantität des Inputs in beiden Sprachen, Sprachdominanz, Sprachpräferenz, gesellschaftliche Anerkennung der Sprachen, Möglichkeiten der Bildung und Alphabetisierung in beiden Sprachen und weitere. Bilinguale bewegen sich in ihrem Alltag auf dem Kontinuum der Sprachmodi. Sprachmischungen sind Kennzeichen des Sprachgebrauchs zweisprachiger Kinder, Jugendlicher und Erwachsener. Sie treten auf allen sprachlichen Ebenen auf und sind Ausdruck der sprachlichen Fähigkeit und der sozialen Identität einer mehrsprachigen Person.

3 Sprachstörungen bei mehrsprachigen Kindern

In einem Artikel in der Bad Nauheimer Stadtzeitung fordert Munk:

„Macht Kindergärten kostenfrei! Immer mehr Kinder sind sprachgestört. Vor allem Buben und Ausländer betroffen – zu wenig Sprachförderung in Kindergärten.

Oft bringt es erst die Einschulung an den Tag. Viele Kinder haben einen Satz nicht richtig nachsprechen können und haben Probleme mit dem Sprachverständnis [...]. Doch die bisherigen Fördermaßnahmen greifen laut Fachleuten zu kurz und kommen zu spät. Mindestens 10 Prozent aller Kinder haben laut Gesundheitsamt bei der Einschulung Sprachprobleme – Tendenz zunehmend. 12,6 Prozent der Erstklässler konnten Wörter nicht richtig aussprechen. Statt ‚drei' sagen sie ‚grei', statt ‚krumm' ‚klumm'. Dies betreffe 13,6 Prozent der deutschen Kinder und 10,4 Prozent der ausländischen Kinder. Zudem haben ausländische Kinder, allen voran die türkischen, Probleme mit der Grammatik, können keine vollständigen Sätze bilden, konjugieren das Verb falsch oder verwenden falsche Artikel, etwa ‚Mama holen die Auto'" (Munk 2002).

Und anlässlich des fünften „Internationalen Tages der Muttersprache" erklärt die Kinderkommission des Deutschen Bundestages:

„Der Weg zu einer gelungenen Integration führt über den Spracherwerb. Dieser gelingt Kindern mit Migrationshintergrund am besten, wenn bei ihnen sowohl der Erwerb der deutschen Sprache als auch der Muttersprache gefördert wird. [...] Andererseits weisen immer mehr deutsche als auch nichtdeutsche Kinder erhebliche sprachliche Rückstände in ihrer Entwicklung auf. So müssen ein Viertel der Kinder mit Deutsch als Muttersprache und rund die Hälfte aller Kinder mit Deutsch im Zweitspracherwerb als sprachgestört eingestuft werden. Diese Defizite haben enormen Einfluss auf die intellektuelle und soziale Entwicklung der Kinder" (Kinderkommission des Deutschen Bundestages 2005).

Die hier genannten Zahlen erschrecken und machen stutzig: Wie kommt es, dass zwischen 10 % und 24 % aller Kinder und bis zu 50 % aller mehrsprachigen Kinder sprachgestört sein können? Und warum scheinen „allen voran die türkischen“ Kinder von Sprachstörungen betroffen zu sein? Speziell vor dem Hintergrund der in Kapitel 1 dargestellten Forschungsergebnisse zum sukzessiv-bilingualen Erwerb scheint das hier gezeichnete Bild von Sprachstörungen bei ErstklässlerInnen mit türkischer Erstsprache fraglich.

3.1 Zum Problem einer Definition von Sprachstörung im Kontext von Mehrsprachigkeit

Wenn von Sprachstörungen oder sprachlichen Abweichungen bei mehrsprachig aufwachsenden Kindern gesprochen wird, gilt es zunächst zu prüfen, welches Ziel die AutorInnen mit ihren Aussagen erreichen wollen und worin ihre Wahrnehmung von „gestörter Sprache“ begründet liegt.

Wenn als „Sprachstörung“ jedwede Abweichung von einem (implizit oder explizit) definierten Standard oder einer sprachlichen Norm verstanden wird, so ist es nicht verwunderlich, wenn viele, besonders aber mehrsprachig aufwachsende Kinder, als sprachgestört etikettiert werden. Denn wie die Ausführungen in Kapitel 1 gezeigt haben, weichen sukzessiv-bilingual aufwachsende Kinder in spezifischen sprachlichen Bereichen (z. B. im Erwerb des Lexikons, in Kasus und Genus oder in der Satzstruktur) von der Sprachproduktion gleichaltriger monolingualer Kinder ab.

Doch handelt es sich dabei um eine Sprachstörung im medizinischen oder patholinguistischen Sinne, die einer Sprachtherapie bedarf? Liegt eine Beeinträchtigung des Spracherwerbs durch externe Einflüsse vor, die zu einer Sprachstörung führen? Oder wird der Spracherwerb von sukzessiv-bilingualen Kindern durch Faktoren beeinflusst, die in Abweichungen vom monolingualen Erwerb der Erst- und der Zweitsprache resultieren, die als „Störungen“ wahrgenommen werden, ohne dass tatsächlich eine genuine Spracherwerbsstörung zugrunde liegen muss?

Für monolingual deutsch aufwachsende Kinder sind Abweichungen im Spracherwerb und, als Unterformen, Sprachentwicklungsstörungen (Developmental Language Disorders, DLD) mit ihren spezifischen und unspezifischen Formen als Kategorien der sprachpädagogischen Praxis vielfältig beschrieben worden (z. B. Kauschke / Siegmüller 2002; Bishop et al. 2017). Im Kontext von mehrsprachiger Entwicklung im Kindesalter gibt es seit einigen Jahren umfangreiche nationale und internationale Forschungsprojekte, die sich der Erforschung von Spracherwerbsstörungen bei Mehrsprachigkeit in unterschiedlichsten Sprachenkonstellationen widmen.

Ein großes internationales Konsortium, in dem u.a. die LITMUS (Language Impairment Testing in Multilingual Settings)-Testverfahren entstehen (Kap. 4) pflegt einen (überwiegend englischsprachigen) Internetauftritt, auf dem man sich auf vielfältige Art und Weise zu Spracherwerbsstörungen bei Mehrsprachigkeit informieren kann: www.bi-sli.org.

Der mehrsprachige Erwerb wird von einer Vielzahl von Faktoren beeinflusst, die auf die sprachliche Performanz und besonders auf die subjektive Wahrnehmung von sprachlichen Fähigkeiten eines Kindes im Deutschen einwirken. Es ist wichtig zu berücksichtigen, dass sprachlicher Fortschritt aus der Perspektive der öffentlichen Wahrnehmung häufig als Fortschritt oder Fähigkeiten im Deutschen verstanden werden, bei denen die erst- oder gemischtsprachlichen Fähigkeiten des mehrsprachigen Individuums in den Hintergrund treten. Weiter fehlt es uns in vielen Erstsprachen von mehrsprachig aufwachsenden Kindern an geeigneten Instrumenten zur Feststellung von sprachlichen Fähigkeiten. Nur wenige Verfahren werden den Anforderungen des mehrsprachigen Erwerbs und den Veränderungen, die eine Sprache selbst in der Migration erfährt, gerecht (Kap. 4). Darüber hinaus sind Studien zu den Möglichkeiten und Grenzen der Diagnostik von DLD bei Heritage-Language-SchülerInnen und bei Kindern und Jugendlichen mit Fluchterfahrung noch sehr selten.

Wir diskutieren im Folgenden am Beispiel von Daten aus dem Hamburger Projekt am SFB 538 unter Leitung von Monika Rothweiler und unseren Forschungsprojekten BiLaD (Hamann et al. 2013-2016) und BiliSAT (Chilla/Hamann 2017-2020), in denen wir mit türkisch-deutschen, portugiesisch-deutschen und arabisch-deutschen Kindern im Vorschul- und Schulalter arbeiten durften, wie zwischen sprachlichen Auffälligkeiten, typischen Charakteristika des sukzessiv-bilingualen Erwerbs und einer genuinen Spracherwerbsstörung differenziert werden kann.

Zunächst soll auf die Faktoren eingegangen werden, die den Spracherwerb mehrsprachiger Kinder beeinflussen. Bevor eine Bewertung des Sprachstandes eines mehrsprachig aufwachsenden Kindes vorgenommen und „Sprachstörungen" oder „Abweichungen" interpretiert werden, sollte eine Trennung erfolgen zwischen

- Erwerbsauffälligkeiten und
- typischen Charakteristika des mehrsprachigen Erwerbs.

Die typischen Charakteristika des mehrsprachigen Erwerbs und seine linguistische Modellierung wurden in den vorangehenden Kapiteln 1 und 2 ausführlich dargestellt. Dort wurde unter anderem gezeigt, dass es einen Unterschied macht, ob die Syntax oder die Verbflexion erworben werden soll, und dass beispielsweise das grammatische Genus noch bis weit in das Schulalter hinein eine besondere Erwerbshürde darstellt. Unterschiedliche Wege, wie z.B. der Erwerb der Verbflexion bei jüngeren zweitsprachlernenden Kindern im Vergleich zur starken Nutzung von unanalysierten Einheiten bei älteren, zeichnen ein heterogenes Bild des mehrsprachigen Erwerbs. Die Daten von Faruk, Gül und anderen Kindern aus dem Hamburger Korpus (Rothweiler 2004) mit früh sukzessiven türkisch-deutschen Kindern zeigen, dass nicht-finite Verben in V2 nur von wenigen sukzessiv-bilingualen Kindern produziert werden. Im Vergleich dazu sind Infinitive in V2 vor allem Kennzeichen des Zweitspracherwerbs Erwachsener oder von Kindern, die ab dem 5. Lebensjahr mit dem Erwerb der Grammatik des Deutschen beginnen (s. Kap. 1). Dies als herausragendes Charakteristikum des sukzessiv-bilingualen Erwerbs türkisch-deutscher Kinder zu benennen – wie dies z.B. Munk (2002) tut –, scheint selektiver Wahrnehmung bzw. der Übertragung von Kenntnissen zum Zweitspracherwerb Erwachsener auf Kindersprache zu entspringen. Aus den Erläuterungen zum kindlichen Zweitspracherwerb wissen wir aber: Abweichungen von monolingual gleichaltrigen Kindern sind die Regel, nicht die Ausnahme: Es handelt sich eben um zweitsprachlernende Kinder, deren individueller Erwerbsweg durch eine Vielzahl von Faktoren beeinflusst wird. Die Lernumgebungen und die Gebrauchsmöglichkeiten und -kontexte für beide Sprachen sind dabei für die Mehrzahl der sukzessiv-bilingualen Kinder in Deutschland, nämlich Heritage Language Kinder, ausschlaggebend (Kap 1.5).

Erwerbsauffälligkeiten können wiederum in einer genuinen Spracherwerbsstörung, wie z.B. DLD, oder in Faktoren, die den Spracherwerb von Kindern ungünstig beeinflussen, begründet sein. Bevor wir uns detaillierter mit DLD beschäftigen, wenden wir uns zunächst den internen und externen Faktoren des Spracherwerbs zu. Interne Faktoren, wie z.B. genetische Voraussetzungen, intrinsische Motivation und Reifungsprozesse stehen externen Faktoren, wie z.B. der Qualität und der Quantität des sprachlichen Inputs in Erst- und Zweitsprache, den Bedingungen des Erwerbs und der externen Motivation zum Erlernen von Erst- und Zweitsprache gegenüber.

3.2 Türkisch als Heritage Language in Deutschland

Solveig Chilla, Ezel Babur

Aus neueren Forschungsergebnissen lässt sich ableiten, dass die externen Bedingungen des mehrsprachigen Erwerbs maßgeblichen Einfluss auf den Erwerbsverlauf der ersten und der zweiten Sprache haben – und damit notwendig auch auf die Aussagekraft von Sprachstandserhebungen zu einem bestimmten Entwicklungszeitpunkt. So erwerben Kinder mit Türkisch als Familiensprache in Deutschland meist eine Form des „Immigrant Turkish".

Immigrant Turkish ist eine sprachliche Varietät, die in wesentlichen Aspekten vom Istanbuler Dialekt abweicht (der der türkischen Schriftsprache zugrunde liegt). Wesentlich ist, dass sich der Wandel des Immigrant Turkish durch Spracheneinfluss vollzieht. So zeigt diese Varietät Veränderungen gegenüber dem Istanbuler Dialekt der Schriftsprache in den folgenden Aspekten (für einen ausführlicheren Überblick vgl. Backus 2004; Boeschoten 2000; Rehbein 2001; Chilla/Babur 2010; Chilla/Şan 2017; Chilla 2021; Şimşek/Schroeder 2011; Schellhardt/Schroeder, 2015):

- Das Türkische wird in der Migration in seiner gesprochenen Varietät als Sprache der sozialen Identifikation genutzt. Gleichzeitig konnten sich bestimmte dialektale Varianten im Immigrant Turkish besser halten als in der Türkei, wie es sich z.B. in der Verwendung der Fragepartikel (mI) in türkischen Entscheidungsfragen zeigt.
- Türkisch-deutsche SprecherInnen bilden keine homogene Gruppe. SprecherInnen, die aus monolingual deutscher Perspektive zu einer Gruppe mit „Familiensprache Türkisch" zusammengefasst werden, haben verschiedene sprachliche Hintergründe, die sich auch in ihrer Sprachwahl und in den sprachlichen Besonderheiten der von ihnen gesprochenen Varietät niederschlägt.
- Veränderungen des Immigrant Turkish im Bereich der Grammatik betreffen z.B. die Nutzung von nicht standardisierten Formen, die vom Istanbuler Dialekt abweichen und eher den Dialekten des Türkischen entsprechen (Boeschoten 1990). So ist es typisch, dass Kinder und Jugendliche, die Immigrant Turkish erwerben, Ablativ anstelle von Lokativ verwenden, Fragepartikeln in Entscheidungsfragen auslassen (Hess-Gabriel 1979), finite anstelle von nicht-finiten Sätzen verwenden, die Fragepartikel in ja/nein-Fragen weglassen. Oft, aber nicht immer, erklärt sich dieser Wandel durch Sprachkontakt

mit dem Deutschen, was sich zum Beispiel in der Pluralmarkierung zeigt (Beispiel 26).

BEISPIEL

Beispiel 26

Typische Pluralmarkierung einer Elfjährigen, die den Immigrant -Turkish-Dialekt als Heritage Language in Deutschland erwirbt. Im Türkischen wird der Plural nicht am Nomen markiert, wenn davor eine Zahl steht, die schon die Mehrzahl anzeigt.
Immigrant Turkish: Üç kız**lar** gine gittiler.
Standard Turkisch: Üç kız yine gitti.
Übersetzung: „Drei Mädchen sind weitergegangen."

BEISPIEL

Beispiel 27

Im Immigrant Turkish wird die Frage öfter mit der Dehnung des Vokals wiedergegeben:
Immigrant Turkish: Bu gün okulda oynad**ıın**?
Standardtürkisch: Bu gün okulda oynadın mı?
Übersetzung: „Hast du heute in der Schule gespielt?"
Immigrant Turkish: Bunu pazar**da** aldım.
Übersetzung: „Ich habe das im Markt gekauft."
Standardtürkisch: Bunu pazardan aldım.
Übersetzung: „Ich habe es vom Markt gekauft."

Durch die Veränderungen des Türkischen als Minderheitensprache in Deutschland ist ein Vergleich der sprachlichen Fähigkeiten von Gleichaltrigen in Deutschland und in der Türkei problematisch. Die Sprachentwicklung von Kindern, die sukzessiv-bilingual in Deutschland aufwachsen, kann nicht mit Modellen erfasst werden, die für Kinder mit Erstsprache in der Türkei, mit Istanbuler Dialekt, enwickelt wurden. Dies hat auch Konsequenzen für Sprachtests, die im Türkischen Sprachentwicklungsstörungen (Developmental Language Disorders, DLD) feststellen können. Die überwiegende Zahl von zwölfjährigen Kindern, die in der Migration bilingual aufwachsen, kann die türkische Morphosyntax fast genauso gut verstehen und produzieren wie gleichaltrige monolinguale Kinder (Backus et al. 2013). Aber aktuelle Studien zeigen: Heritage-Language-Kinder, die in Deutschland geboren sind, erwerben und sprechen überwiegend Immigrant Turkish. Dieser Dialekt wirkt sich sogar auf das Nachsprechen von Sätzen aus, ein eigentlich auch im mehrsprachigen Kontext sehr verlässliches Testverfahren (Kap. 4). Die in Beispiel 28 von den SchülerInnen „nachgesprochenen" Sätze aus einem türkischen Test zum Nachsprechen von Sätzen (TODİL, Topbaş/Güven 2017) sind im Sinne des Immigrant-Turkish-Dialekts korrekt, aber müssen im Standard-Test als Fehler gewertet werden (Chilla 2021).

BEISPIEL

Beispiel 28

Zwei Heritage-Language-Kinder, die mit Immigrant Turkish und Deutsch aufwachsen, sprechen einen Testsatz aus dem TODİL Test für Kinder in der Türkei nach.

Standardtürkisch / Testsatz:
Zeynep arkadaşlarına ve öğretmenine hediye verdi.
Immigrant Turkish
Hilal (9;2): Zeynep ve arkadaşlarını birşey alıyordu. (Akkusativ statt Dativ)
Hande (5;1): Zeynep arkadasi ve ögretmenine hediye verdi. (Possessiv ohne Pluralmarkierung)

Es müssen folglich eigene Verfahren für Kinder mit Deutsch als Zweitsprache entwickelt werden, die den Immigant-Turkish-Dialekt als Heritage Language erwerben.

Es ist stets zu berücksichtigen, dass zwei- oder mehrsprachig aufwachsende Kinder in Deutschland keine homogene Gruppe bilden. Wie bereits in den vorangehenden Kapiteln dargestellt, unterscheiden sich mehrsprachig aufwachsende Kinder nicht nur in ihren Erstsprachen oder im Alter zu Beginn des Erwerbs (siehe Kap. 1), sondern besonders in ihren Erwerbsbedingungen. Für Kinder, die Deutsch als zweite Sprache im Kindesalter erwerben, lassen sich am Beispiel türkisch-deutscher Familien mindestens vier verschiedene Konstellationen für den Spracherwerb identifizieren, sofern es sich nicht um gemischtsprachige Ehepaare (z. B. kurdisch-türkisch) handelt:

- Fall 1: Es wird nur in der Zweitsprache Deutsch kommuniziert. Meist sind beide Eltern in Deutschland aufgewachsen und zur Schule gegangen. Deutsch ist Erstsprache, das Türkische spielt nur eine marginale Rolle.
- Fall 2: Es wird in beiden Sprachen (gemischt) kommuniziert. Die Eltern beherrschen und verwenden beide Sprachen als Familiensprache. Je nach Anteil der jeweiligen Sprache variiert die Menge an Input in L1 und L2 erheblich.
- Fall 3: In den Familien wird auf Türkisch und außer Haus meist auf Deutsch kommuniziert. Die Eltern haben ein ausgeprägtes Bewusstsein für beide Sprachen. Sie sind meist selbst zweisprachig aufgewachsen und möchten ihren Kindern ein mehrsprachiges Aufwachsen und eine mehrsprachige Identität ermöglichen.
- Fall 4: Die Familiensprache ist Türkisch. Mindestens eines der beiden Elternteile ist im Erwachsenenalter nach Deutschland gekommen und spricht selbst nur wenig Deutsch. Der Zweitspracherwerb findet ausschließlich in Institutionen der Mehrheitsgesellschaft (Kindergarten, Schule) und im Kontakt mit Gleichaltrigen statt.

Hinzu kommt, dass sich selbstverständlich auch die Erwerbssituation für die Zweitsprache Deutsch in einer Institution der Mehrheitsgesellschaft erheblich unterscheiden kann: Ein mehrsprachig aufwachsendes Kind, das in seiner Kindertagesstätte eines von zwei mehrsprachigen Kindern ist, wird einen anderen Input der Zweitsprache erhalten als ein Kind, das in seiner Bezugsgruppe mehrheitlich Kinder hat, die in denselben Sprachen mehrsprachig aufwachsen. Im ersten Fall wird das Kind stärker mit der Notwendigkeit konfrontiert, sich in der Sprache der Mehrheit zu verständigen und diese zu erwerben. Im zweiten Fall ist es aus der Perspektive sprachlicher Handlungsfähigkeit für das Kind zunächst nicht unbedingt notwendig, die gesellschaftliche Mehrheitssprache zu nutzen: Seine sprachlichen Ziele kann es bis zu einem gewissen Grad auch mit Hilfe der FreundInnen erreichen. Allein eine kostenfreie Kindergartenbetreuung, wie von Munk (2002) gefordert, greift hier zu kurz. Wenn der Zweitspracherwerb des Deutschen z. B. langsamer verläuft als bei anderen mehrsprachigen Kindern, dann sollten die Inputbedingungen, also die Chancen des Individuums, mit der Zweitsprache in Kontakt zu kommen und diese anzuwenden, wie auch der Sprachgebrauch der Kontaktpersonen – z. B. der BezugserzieherInnen überprüft werden.

Übung 8

Yasemin ist mit zwölf Jahren aus der Türkei nach Deutschland gekommen. Sie spricht fließend Türkisch und Deutsch und arbeitet Vollzeit im Bremer Finanzamt. Mit 21 Jahren heiratet sie ihren Mann, der bis zu diesem Zeitpunkt in der Türkei gelebt hat und mit der Hochzeit nach Deutschland migriert. Ein Jahr später bekommen sie ihren ersten Sohn: Erol. Der Vater kümmert sich zu Hause um Erol, während Yasemin weiterarbeitet. Beide Eltern wollen, dass Erol es später in der Schule leicht hat. Daher beschließen sie, dass von der Geburt an beide Eltern nur Deutsch mit Erol sprechen. Die Familiensprache soll Deutsch sein. Türkisch soll in der Familie möglichst ausgeblendet werden, das Türkische soll den Erwerb des Deutschen nicht beeinträchtigen. Erol kommt mit drei Jahren in seinen Bremer Kindergarten. Notieren Sie Ihre Erwartungen: Was kann Erol sprachlich? Erwarten Sie Auffälligkeiten im Erwerb? Warum (nicht)?

3.3 Auffälliger Spracherwerb?

Die Bedingungen des Spracherwerbs in der Migration beeinflussen den Erwerb in allen Sprachen eines Kindes. Die Veränderungen, die eine Migrantensprache wie Türkisch in Deutschland erfährt, und die individuelle Sprachbiografie eines Kindes beeinflussen den Spracherwerbsprozess und damit den zu einem bestimmten Lebens- oder Erwerbszeitpunkt zu erwartenden Lernfortschritt. Sukzessiv-bilinguale Kinder, die in Deutschland geboren werden und hier mit dem Türkischen als dominanter Erstsprache aufwachsen, zeigen bis zum Erreichen des sechsten Lebensjahres grundsätzlich dieselben Entwicklungsschritte wie monolingual in der Türkei aufwachsende Kinder. Sie erwerben aber in der Regel den Immigrant-Turkish-Dialekt, der sich durch Sprachwandel verändert. Grundsätzliche Entwicklungsschritte, wie der Erwerb von Kasusmorphologie, Person- und Numerusflexion und die meisten Tempus- und Modusmarkierungen, werden von monolingualen wie von bilingualen Kindern durchlaufen. Werden dagegen spätere Erwerbsschritte betrachtet, werden die Unterschiede zwischen der Standardsprache (=Istanbuler Dialekt) in der Türkei und dem Immigrant Turkish sehr offensichtlich: Monolingual türkische Kinder erwerben komplexe Strukturen wie Komplement- und Relativsätze sowie Partizipialkonstruktionen ab einem Alter von etwa fünf Jahren. Herkenrath/Karakoç (2002) zeigen für bilinguale Kinder, dass diese im Alter zwischen vier und neun Jahren finite Sätze anstelle von subordinierten infiniten Sätzen bevorzugen. Diese bilingualen Kinder nutzen türkische Suffixe wie z. B. -mA, -yAn und -DIK seltener als monolinguale Kinder. Eine weitere Veränderung des Immigrant Turkish gegenüber dem Türkisch in der Türkei betrifft die Erzählstrukturen türkisch-deutscher Kinder. Wie bereits Pfaff (1994, 91) zeigen konnte, ersetzen bilinguale Kinder im Gegensatz zu monolingualen die für Nacherzählungen typische Form -mIs, sehr häufig, und zwar auch in Elizitationstests.

Sukzessiv-bilinguale türkisch-deutsche Kinder sind Heritage Language SprecherInnen (Kap. 1.5). Sie wachsen simultan oder sukzessiv mit zwei Sprachen auf: Deutsch wird vor allem in den Institutionen (Kita oder Schule) erworben. Sobald sie mit der L2 dort beginnen, verringert sich ihr Input in der L1 (vgl. auch die verschiedenen Erwerbskontexte weiter oben). Die weitere Entwicklung des Türkischen kann sich durch diese Inputveränderung verlangsamen und qualitativ verändern.

3.4 Auffälligkeiten in der Zweitsprache als Charakteristika oder als Störungen der Sprachentwicklung?

Mit der folgenden Übung soll zunächst ein Eindruck von den sprachlichen Fähigkeiten eines sukzessiv-bilingualen Kindes gewonnen werden.

Übung 9

Faruk (F), 3;1, (F) erwirbt seit ca. drei Monaten Deutsch. Er spielt mit seiner erwachsenen Interviewpartnerin (I) mit Duplo-Steinen.

F: „da." F nimmt sich ein Teil.

I: „Das steht nicht."

F: „kuck mal." F räumt es zur Seite. I sucht etwas Neues.

I: „So, gut. Ja, das passt nicht so richtig dazu."

F: „kaput gemacht." F zeigt ein weiteres Duploteil, das nicht defekt ist.

I: „Das auch?"

F: „nei."

I: „Ist nicht kaputt."

F: „mal kuck." F nimmt ein neues Teil. I wühlt in der Duplokiste und holt einen großen roten Anhänger raus.

I: „Oa, hier gibts ja noch einen riesigen Anhänger. Kuck mal."
F: „das ischt auto. da." F zeigt auf die Rückseite des Autos.
I: „Kann man nich ranhängen."
F: „hier. (...) reihe aufdelln." F holt das beiseite geräumte Auto und stellt es auf das große.
I: „Ach, oben drauf."
F: „hier."
I: „Auf den Pferdewagen?"
F: „hier autoanhänger." Dann stellt er es daneben.
F: „das is daa?" F baut einen Duplobusch auf die Platte.
I: „Hm? Was is das denn?"
F: „was is das denn?" F wiederholt die Frage der I.
I: „Weißt du, was das ist? Ich erkenn das gar nich."
F: „em." F nimmt wieder das gelbe Auto und hält es hoch.
I: „Das ist ein Busch, oder so was."
F: „auto wwwh (Lautmalerei)."

Bitte notieren Sie sich:

- Was kann das Kind auf pragmatischer, semantisch-lexikalischer, phonologischer und grammatischer Ebene? Was fällt Ihnen auf?
- Vergleichen Sie den Sprachstand mit den in Kapitel 1.2 vorgestellten Modellen zum monolingualen Erwerb. Überlegen Sie, in welcher Phase der Entwicklung Faruk sich befinden könnte.
- Bewerten Sie außerdem, ob Sie Hinweise auf eine Sprachstörung finden können.

Die Charakteristika des sukzessiv-bilingualen Erwerbs in den Bereichen Semantik-Lexikon und Grammatik wurden in Kapitel 1 ausführlich dargestellt. Wir können festhalten, dass bestimmte „Meilensteine" grundsätzlich auch bei sukzessiv-bilingualen Kindern angemessen sind, die ihre zweite Sprache Deutsch innerhalb der ersten drei Lebensjahre beginnen und eine gute Inputsituation für die Erst- und die Zweitsprache haben. Mehrsprachig aufwachsende Kinder variieren aufgrund unterschiedlicher Erwerbsbedingungen in der Erwerbsgeschwindigkeit, jedoch können verschiedene Studien belegen, dass bei vielen früh sukzessiven Kindern spätestens nach 12 bis 18 Monaten Kontakt mit der Zweitsprache wesentliche Erwerbsschritte der Satzstruktur und der Verbflexion erworben werden. Auch produzieren die meisten Kinder Nebensätze erst nach dem Erwerb von Subjekt-Verb-Kongruenz und Verbzweitstellung im Hauptsatz. Abweichungen von den aufeinander aufbauenden Schritten treten häufig dann auf, wenn die Kinder nicht genügend oder keinen genügend guten Input erfahren haben. Die Qualität des Inputs im Sinne von sprachlichen Vorbildern (Kap. 5) oder der regelmäßige Dialog mit deutschsprachigen FreundInnen ist hier genauso wichtig wie die Inputmenge.

Die Frage, wie viel Input ein Kind benötigt, um seine Sprachen altersgemäß erwerben zu können, ist wissenschaftlich bisher nicht geklärt. Im Forschungsprojekt an der Universität Hamburg (Rothweiler 2004) konnten wir feststellen, dass ein vierstündiger Besuch in der Kita, bei dem in der Bezugsgruppe des mehrsprachig aufwachsenden Kindes nicht mehr als 60 % Kinder mit derselben Erstsprache sind, für den Erwerb wesentlicher grammatischer Schritte des Deutschen ausreichend sein kann (vgl. auch die Ergebnisse der LiSe-DaZ-Erhebung, Schulz et al. 2008). Dies sind jedoch Erfahrungswerte, die keine statistische Absicherung erfahren haben, und bedeuten nicht, dass die Kinder in allen sprachlichen Bereichen gleichermaßen kompetent werden konnten.

Weitere Forschungsergebnisse zum mehrsprachigen Erwerb bei Kindern zeigen aber, dass sich Kinder, die nach dem sechsten Lebensjahr mit dem Deutscherwerb beginnen, sich z. B. im Erwerb der Satzstruktur und der Verbstellung/Verbflexion anders entwickeln (zur Diagnostik siehe Kap. 4). Weiterhin ist festzustellen, dass der Erwerb von Genus und Kasus des Deutschen für mehrsprachige Kinder mehr Zeit benötigt als der Erwerb der Satzstruktur. Noch mit Schuleintritt haben mehrsprachige Kinder Schwierigkeiten mit der Markierung von Akkusativ und Dativ und mit der Markierung des Genus. Doch auch monolingual deutsche Kinder erwerben Kasus in späteren Phasen und beherrschen die Alternation meist erst ab dem vollendeten fünften Lebensjahr sicher. Wichtig ist, dass die Kinder ein umfangreiches Lexikon aufbauen, das ihnen die Identifikation von Flexionsregeln erleichtert. Letztlich haben die aus verschiedenen Studien gewonnenen Erkenntnisse der letzten Jahre zum Grammatik- und Lexikonerwerb bei simultan und früh sukzessiv-bilingualen Kindern mit den verschiedensten Erst- und Familiensprachen (Kap. 1) zur Entwicklung eines Sprachtests für das Vorschulalter geführt (LiSe-DaZ, Schulz/Tracy 2011), der in vielen Zusammenhängen als Screeninginstrument für den Entwicklungsstand geeignet ist.

Der Zeitungsausschnitt am Anfang dieses Kapitels weist weiter darauf hin, dass mehrsprachig aufwachsende Kinder deutsche Wörter und Sätze gerade zu Beginn ihres Deutscherwerbs häufig anders aussprechen als gleichaltrige monolinguale Kinder. Dies liegt erstens an der kindlichen Phonologieentwicklung selbst – kein Kind kommt mit einem der bzw. den zu erwerbenden Sprachen angepassten und perfekten System auf die Welt! Auch aus dem monolingualen Erwerb kennen wir phonologische Prozesse wie Vorverlagerungen („tatze" statt „katze") oder Silbenreduktionen („nane" statt „banane") (Kap. 1). Daneben können aber auch die bereits erworbene phonetisch-phonologische Kompetenz und das erstsprachliche System die Produktion von Wörtern und Sätzen in der Zweitsprache beeinflussen.

Übung 10

Vergleichen Sie mit Hilfe von Tab. 3 und 4 die Konsonanten des Standardtürkischen mit denen des Deutschen. In welchen Phonemen unterscheiden sich die beiden Sprachen? Welche phonologischen Prozesse erwarten Sie aufgrund der Unterschiede zwischen den beiden Systemen im sukzessiv-bilingualen Erwerb Türkisch-Deutsch?

(Zur weiteren Vertiefung siehe Pétursson/Neppert 2002)

Sie werden in der Bearbeitung der Übung 10 möglicherweise vor allem an Kinder gedacht haben, die Deutsch als zweite Sprache im Kindesalter erwerben und daher die Abweichungen identifiziert haben, die Kinder mit türkischer Erstsprache im Deutschen zeigen? Da jedoch der mehrsprachige Erwerb im Zentrum steht, ist es wichtig, einen möglichen phonologischen Transfer-Effekt (Kap. 1) aus verschiedenen Perspektiven zu betrachten:

- Erstens die Unterschiede zwischen Deutsch und Türkisch und damit die Übertragungen von Türkisch auf Deutsch.
- Zweitens die Veränderungen, die das Immigrant Turkish in Deutschland erfährt. An dieser Stelle sollte gefragt werden, ob das phonologische System des Standardtürkischen dem Input sukzessiv-bilingualer türkisch-deutscher Kinder entspricht.
- Drittens die Möglichkeit einer Übertragung aus dem Deutschen auf das Türkische (und damit ein unbewusster Beitrag zum Immigrant Turkish).
- Viertens die Überlegung, in welchem Alter und mit welchem Kontaktmonat welche Prozesse zu erwarten, also nicht als Abweichungen zu bezeichnen sind. Kinder, die drei Jahre alt sind, produzieren möglicherweise bestimmte Phoneme anders oder mehr phonologische Prozesse als ältere Kinder, die nicht aus den Unterschieden der beiden Systeme heraus interpretierbar, sondern aus der systeminternen Entwicklungslogik zu erklären sind.

Am Beispiel des Vergleichs des türkischen Konsonantensystems mit dem Deutschen kann festgestellt werden, dass die Sprachen in vielen Phonemen übereinstimmen. Die deutschen Konsonanten [h] und [x] kommen im Standardtürkischen nicht vor. Allerdings stellen sie für Kinder, die Immigrant Turkish erwerben, keine Hürde dar: Da diese Phoneme in verschiedenen türkischen Dialekten vorkommen, haben sie über den Sprachwandel in der Migration ihren Platz im Konsonantensystem des Immigrant Turkish bekommen. Allein das [ts] ist unbekannt. Dazu passt, dass türkisch-deutsche Kinder im Alter von drei Jahren die meisten Phoneme problemlos realisieren können.

BEISPIEL

Beispiel 29

Zeren (Z) und die Interviewpartnerin (I) packen das Memory-Spiel ein und unterhalten sich über die Bilder auf den Karten.
Z: „eine katße."
I: „Das ist keine Katze. Das ist eine Maus oder eine Ratte, glaube ich." Zeren sammelt die Karten weiter ein und sagt Unverständliches.
Z: „schinäckee."
I: „(…) Schnecke. Guck mal hier ist er."

Wie aber das Beispiel 29 von Zeren zeigt, finden sich trotz der Gemeinsamkeiten zwischen beiden Sprachen Abweichungen in der Aussprache, die besonders in frühen Phasen des sukzessiv-bilingualen Erwerbs typisch sind. Sukzessiv-bilinguale türkisch-deutsche Kinder können zu Beginn des Deutscherwerbs

- ihre Sätze mit der Intonation und dem satzfinalen Satzakzent des Türkischen intonieren und betonen,
- Schwierigkeiten haben, den Vokal <e> mit seinen unterschiedlichen Lautwerten [e], [e:], [e] und das Schwa zu realisieren,
- [ts] als stimmhaftes [s] realisieren, da es im Türkischen unbekannt ist,
- [h] als [ng] realisieren,
- einen Vokal in deutsche Konsonantencluster einfügen, da die Silbenstruktur des Türkischen KVK ist („Schitraße"),
- Schwierigkeiten haben, Konsonantencluster am Ende des Wortes zu realisieren, was zu Silbenreduktion führen kann.

Tab. 3: Konsonanteninventar des Türkischen

	bilabial		labiodental		dental		alveolar		postalveolar		palatal		velar		glottal
Plosiv	p	b			t	d					c	ɟ	k	g	
Nasal	m				n										
Frikativ	ɸ	β	f	v	s	z			ʃ	ʒ	ç		x	ɣ	h
Affrikat							tʃ	dʒ							
Flap							ɾ								
Approximant															
Lateral					ɫ				l						
Vibrant							r								
Gleit	ω										j				

Tab. 4: Konsonanteninventar des Deutschen

	bilabial	labiodental	dental	alveolar	postalveolar	palatal	velar	glottal	uvular
Plosiv	p b		t d				k g		
Nasal	m		n				ŋ		
Frikativ		f v	z	s	ʃ ʒ	ç	x	h	ʁ
Affrikat				ts	tʃ dʒ				
Approximant						j			
Lateral					l				
Vibrant				r					R

Diese Veränderungen gelten natürlich nicht nur für die türkisch-deutsche Konstellation. Beispiel 30 verdeutlicht Übertragungen aus dem syrischen Arabisch in das Deutsche bei SchülerInnen mit Fluchterfahrung aus dem BiliSAT-Projekt (Chilla/Hamann 2017-2020). Sie haben nach dem 7. Lebensjahr mit dem Deutschen begonnen. Hier können wir auch den Einfluss des Erwerbsalters genauer beobachten. Bei den simultan-bilingualen Kindern sowie bei den sukzessiv-bilingualen Kindern in unserem Projekt, die vor dem Alter von 4 Jahren mit dem Deutschen begonnen hatten, ließen sich keine Transfereffekte der L1-Arabisch auf die L2-Deutsch beobachten. Im Gegenteil wurde das arabische Zungenspitzen-R [r] von einigen Kindern als ein Reibe-R [ʁ], also eher norddeutsch, realisiert.

Beispiel 30

SchülerInnen, die syrisches Arabisch als L1 sprechen und Deutsch als Zweitsprache nach dem 7. Lebensjahr begonnen haben.

- Sie ersetzen den deutschen ich-Laut [ç] durch den arabischen präpalatalen [ʃ], z. B. [mu:ʃte] <möchte>.
- Sie haben keine Schwierigkeiten bei der Realisierung des [x], da sie diesen Laut aus dem syrischen Arabisch kennen, jedoch als eigenständiges Phonem.
- Der velare Nasal [ŋ] kann problematisch sein und wird hauptsächlich durch die Konsonantenabfolge [ng] ersetzt:
  [gɪng] <ging>
  [gəgangən] <gegangen>
- Der Murmelvokal (Schwa-Laut [ə]) wird fast von allen SchülerInnen in der Studie als [ɛ] oder [e] artikuliert.
- Aus diesem Grund wurden reduzierte Silben, wie <-en>-Suffixe oder <-ge> Präfixe oft als [gɛ-] sowie [-ɛn] ausgesprochen.
- Das gleiche galt für die R-Vokalisation, die nur von einem Kind gut realisiert wird.
- Die restlichen Kinder produzieren [-ɛr] anstatt von [ɐ] in unbetonten Suffixen, wobei einige häufige Wörter wie „Vater, Bruder, Wasser" mit R-Vokalisation realisiert werden. Dies führt manchmal zu falscher Wortakzentuierung:
  [zu:ruk] zurück
  [wu:rde] würde
  [mu:ʃte] möchte

Auch im simultanen oder sukzessiv-bilingualen Erwerb werden dieselben phonologischen Prozesse beobachtet wie im monolingualen Erwerb des Türkischen und des Deutschen. Die Plosivierung ist beispielsweise ein häufig beobachteter Prozess. „Canım“ (meine Liebe / mein Schatz), „sen“ (du) und „çay <tschai>“ (Tee) werden, meist im zweiten Lebensjahr, als <danım>, <ten> oder <tay> realisiert. Im bilingualen Kontext kann dieser Prozess länger dauern und wird dann auch in den Erwerbsprozess der Zweitsprache übertragen. Im Türkischen kann dies Konsequenzen für die Verständlichkeit haben, wie das Beispiel 31 zeigt:

Beispiel 31

Erbek (E) unterhält sich mit seiner monolingual türkischen Gesprächspartnerin (I). Er hat ein Überraschungsei dabei.
E: „daadıya gidiyot düpyüt amaya / dumuuta aamaya.“
Standardtürkisch: Çars¸ıya gidiyoruz sürpriz almaya / yumurta almaya
Übersetzung: Wir gehen auf den Markt, eine Überraschung / Überraschungsei zu kaufen.
E: „tukalata.“
Standardtürkisch: „Çikolata.“
Übersetzung: Schokolade.
I: „Tüpyüt.“ (Wiederholt das Wort von Erbek)
E: „tüpyit dumuutanın idinde tukolatayı yayıyotun.“
Standardtürkisch: „Sürpriz yumurtanın içindeki çikolatayı yarıyorsun.“
Übersetzung: Du reißt die Schokolade im Überraschungsei auf.
E: „onu atıyotun.“
Standardtürkisch: „Onu açıyorsun.“ Oder: „Onu atıyorsun.“
Übersetzung: Du machst das auf. Oder: Du wirfst es weg.
E: „itinden bi tane Ei tıkıyo xxxxun itinden.“
Standardtürkisch: „Içinden bi tane Ei çıkıyo xxxxun içinden.“
Übersetzung: xxx (unverständlich) ein Ei kommt aus ihm heraus.
I: Ne çıkıyodu?
E: „ben bilmiyoyum.“
Standardtürkisch: „ben bilmiyorum.“
Übersetzung: Ich weiß es nicht.

Die phonologischen Prozesse, die Erbek im Alter von 5;6 Jahren produziert, werden ebenfalls bei türkischen Kleinkindern im monolingualen Kontext beobachtet. Doch bei Monolingualen werden diese Prozesse ab dem zweiten Lebensjahr deutlich weniger und verschwinden – mit Ausnahme weniger Relikte – bis zum vierten Lebensjahr vollständig.

Bei einem Kind wie Erbek tragen enge Bezugspersonen (z. B. Eltern) und eindeutige Kontexte dazu bei, die Verständlichkeit seiner Äußerungen zu sichern. Unter Umständen merkt das Kind nicht, dass es anders spricht. Doch bei bestimmten Minimalpaaren bleiben Äußerungen uneindeutig, wie das hier gezeigte Beispiel mit den Verben aç- (öffnen) und at- (wegwerfen) verdeutlicht. Denn beide Ausdrücke wären hier logisch. Wir werden nie wissen, welche Handlung er in dem Moment gemeint hat. Für fremde Personen, denen diese phonologischen Prozesse unbekannt sind, wird Erbeks Sprachproduktion meist unverständlich bleiben.

Sukzessiv-bilinguale türkisch-deutsche Kinder beherrschen im dritten Lebensjahr nicht nur das phonologische System des Türkischen mit der türkischen Vokalharmonie, sondern sie verwenden auch alle Kasus- und Verbendungen produktiv. Türkische Sätze, die das Kind produziert, enthalten mindestens ein vollständiges Prädikat mit Tempus-Aspekt und Personalendung und generell weitere Glieder wie Objekt und Adverbien. Beim freien Erzählen können die Kinder Sätze mit drei bis sieben Gliedern und Verben mit fünf Endungen bilden.

Zusammenfassend lässt sich festhalten, dass die Wahrnehmung von „Auffälligkeiten“ oder „Abweichungen“ der Sprachentwicklung Mehrsprachiger maßgeblich von unserem Wissen über den mehrsprachigen Erwerb mit seinen Charakteristika und Einflussfaktoren abhängig ist. Hinzu kommt, dass uns ein umfassendes Modell „des“ Mehrsprachenerwerbs fehlt. Auch wenn wir mittlerweile immer mehr über den Erwerb des Deutschen durch sukzessiv-bilinguale Kinder aus der Forschung wissen, wird damit doch zunächst nur ein Ausschnitt erfasst. Einer Generalisierung der gewonnenen Forschungserkenntnisse ist zum gegenwärtigen Zeitpunkt mit Vorsicht zu begegnen: So wurde dem Erwerb der Verbstellung, der Verbflexion und der Satzstruktur seitens der linguistischen Bezugswissenschaft bisher deutlich mehr Aufmerksamkeit gewidmet als z. B. dem Erwerb von Kasus oder Genus (Kap. 1.6). Auch zukünftig wird es DAS Modell für alle Kinder nicht geben, da noch viele Bereiche unerforscht sind oder immer wieder neu beleuchtet werden müssen. Speziell am Heritage Language Erwerb (Kap. 1.5) und an den Veränderungen von Sprachen durch Sprachwandel zeigt sich: Analyse und Bewertung von Abweichungen im Erwerbsprozess müssen möglichst viele den Spracherwerb beeinflussende Faktoren berücksichtigen, wie wir im Kapitel 4 zur Diagnostik zeigen werden.

3.5 Spezifische Sprachentwicklungsstörung bei mehrsprachigen Kindern

Sprachentwicklungsstörungen bei mehrsprachigen Kindern rücken seit einigen Jahren zunehmend in das Interesse sprachwissenschaftlicher und sprachpädagogischer Forschung. Nicht zuletzt die subjektive Wahrnehmung, dass mehrsprachige Kinder häufiger von Sprachstörungen betroffen seien als einsprachige, fordert Antworten auf die Frage, wie sich Sprachstörungen bei Kindern ausprägen und wie diese sicher diagnostiziert werden können.

In Bezug auf eine spezielle Form der Spracherwerbsstörung, die Spezifische Sprachentwicklungsstörung (Developmental Language Disorder, DLD), ist diese Frage besonders drängend. Kinder mit DLD haben Schwierigkeiten beim Verstehen und /oder Produzieren von Sprache. Die Spracherwerbsstörung bleibt oft unerkannt, da sie nicht sichtbar ist und beeinflusst die Teilhabe von Kindern stark. Sie wirkt sich auf den Schriftspracherwerb, das Lernen im Allgemeinen, das Sozialleben und das emotionale Wohlbefinden aus. Ungefähr sieben Prozent aller Kinder sind von DLD betroffen und in jeder Klasse sollten daher statistisch gesehen 2 Kinder mit DLD sitzen. Zum Vergleich: nur bei ca. 2,34 Prozent aller Kinder sind neuronale oder kognitive Beeinträchtigungen feststellbar (Norbury et al. 2016). DLD ist also eine sehr häufige Beeinträchtigung bei Kindern. Für DLD wird eine genetische Basis vermutet, was sich durch familiäre Häufung der Störung und in Zwillingsstudien gezeigt hat. Diese Annahme wird auch durch die Forschungen der letzten Jahre gestärkt: Bei Mehrsprachigen prägt sich DLD nicht nur in allen Sprachen, sondern auch sprachspezifisch aus (u.a. Leonard 2014). Mehrsprachige sind aber weder grundsätzlich stärker von DLD betroffen, noch führt Mehrsprachigkeit an sich zu Spracherwerbsstörungen (u.a. Paradis 2011). Ebenso falsch ist es anzunehmen, dass Eltern, die nicht mit ihren Kindern sprechen, Spracherwerbsstörungen verursachen könnten.

Eine klare Unterscheidung von „abweichender" Sprachentwicklung und DLD ist aber schon bei monolingualen Kindern nicht einfach, da bisher keine genaue Definition „der" Störung vorliegt. Kinder mit DLD zeigen Sprachauffälligkeiten, die sich nicht durch Hörstörungen, kognitive oder soziale Beeinträchtigungen oder neurologische Schädigungen erklären lassen. Als diagnostisch relevante Charakteristika werden ein verspäteter Sprechbeginn (Late Talker) und – im Vergleich mit gleichaltrigen Kindern – Schwierigkeiten in Sprachproduktion und -verständnis beschrieben (Leonard 2014). DLD kann alle sprachlichen Bereiche betreffen und sich als Störung der Phonologie, des Wortschatzes, der Semantik, des Wortlernens, des Sprachlernens, des Sprachgedächtnisses oder als Störung der Grammatik manifestieren (Bishop et al. 2017). Die Sprachstörung kann sich in Bezug auf die verschiedenen sprachlichen Ebenen sowohl isoliert als auch übergreifend ausprägen.

Speziell die „Grammatische SSES“ – auch als Spezifische Sprachentwicklungsstörung im eigentlichen Sinne bezeichnet (Grammatical SLI, Morphological-Syntactic Deficit Syndrome, G-DLD) – wurde in den letzten Jahren in vielen Sprachen wissenschaftlich umfassend untersucht. Internationale Studien zeigen, dass von G-DLD nicht alle, sondern je nach Sprache spezifische grammatische Bereiche betroffen sind. So haben monolinguale Kinder im Englischen z. B. Schwierigkeiten, das Tempus zu erwerben, im Französischen und Griechischen sind es z. B. Klitika oder Aspektmarker im Kantonesischen, für einen Überblick vgl. Leonard (2014). Die grammatische Spracherwerbsstörung beeinflusst den gesamten Spracherwerb. Im Deutschen sind besonders Satzstruktur und Verbflexion, speziell der morphosyntaktische Bereich, betroffen. So haben Kinder mit DLD z. B. Schwierigkeiten, das Verbflexionsparadigma aufzubauen und Subjekt-Verb-Kongruenz (SVK) herzustellen. Zwischen dem Erwerb der SVK und der generalisierten Verbzweitstellung kann – anders als bei monolingualen Kindern ohne DLD (Kap. 1) – kein Zusammenhang festgestellt werden.

BEISPIEL

Beispiel 32

Äußerungen von monolingualen Kindern mit Spezifischer Sprachentwickungsstörung (vgl. Clahsen 1988; Grimm 1999)

zick zack fahrn ich mit dem zug.
dauben (= glauben) du mir nich? (Benjamin 6;9)
das kind schaukeln inne wohnung. (Dieter 6;10)
nich mehr raus nich kann da. (Sebastian 6;2)
ich heute gehen raus.
ein dach da legen hin.
soviel ich hab. (Sam)

Wie die Beispiele zeigen, bilden einsprachige Kinder mit DLD häufiger und länger Sätze mit finiten Verben in Verbendstellung und produzieren auch noch in einem Erwerbsalter von vier bis fünf Jahren kurze Zwei- oder Dreiwortsätze mit Stammformen oder „en“-flektierten, nicht-kongruenten Verben (Infinitiven) in Endstellung. Die „Phasen“ oder „Meilensteine“ des Erwerbs (Kap. 1.2) werden von den meisten Kindern langsamer und von vielen nur unvollständig durchlaufen. So können einige ältere Kinder mit DLD komplexe Nebensatzstrukturen bilden, während sie gleichzeitig Schwierigkeiten haben, SVK herzustellen, wie Beispiel 32 zeigt.

Darüber hinaus sind Sätze mit nicht-finiten Verben (Infinitiven und Stammformen) in V2 dokumentiert. Obwohl PraktikerInnen häufig von auffälligen Fehlern in der Nominalphrase und der Kasusmorphologie berichten (z.B. Artikelauslassungen oder Probleme in der Kasus-Numerus-Genus-Kongruenz), ist es in der wissenschaftlichen Literatur umstritten, ob der Erwerb von Kasus im Deutschen durch DLD tatsächlich gestört wird. (Für einen umfassenden Überblick vgl. Clahsen 1991; Clahsen et al. 1997; Eisenbeiß et al. 2006; Hamann et al. 1998; Schönenberger et al. 2012).

Übung 11

Vergleichen Sie die grammatischen Charakteristika von monolingualen Kindern mit Spezifischer Sprachentwicklungsstörung mit denen, die Sie von erwachsenen Zweitsprachlernern des Deutschen in Kapitel 1 kennen gelernt haben. Halten Sie schriftlich Gemeinsamkeiten und Unterschiede fest.

DLD als genuine Spracherwerbsstörung muss sich in beiden (allen) Sprachen eines Kindes ausprägen. Inwieweit dabei Mehrsprachigkeit und DLD zusammenwirken oder sich gegenseitig beeinflussen können, wird in vielen Studien der letzten Jahre intensiv erforscht. Folgende Hypothesen könnten aufgeworfen werden:

- Mehrsprachig aufwachsende Kinder mit DLD zeigen in beiden Sprachen stärkere Ausprägungen der Spracherwerbsstörung als monolinguale Kinder mit DLD, weil ihr Spracherwerb sowohl durch die Mehrsprachigkeit als auch durch die Spracherwerbsstörung beeinflusst wird.
- Mehrsprachig aufwachsende Kinder mit DLD zeigen weniger starke Ausprägungen der Spracherwerbsstörung in ihren beiden Sprachen, da sie durch den mehrsprachigen Erwerb über Strategien verfügen, die ihnen auch den Spracherwerb unter den Bedingungen von DLD erleichtern.
- Mehrsprachig aufwachsende Kinder mit DLD zeigen in ihren beiden Sprachen genau dieselben Ausprägungen wie monolinguale Kinder mit DLD. Dahinter steht die Vermutung, dass mehrsprachige Kinder in ihrem Erwerb der Grammatik grundsätzlich dieselben Meilensteine oder Phasen durchlau-

fen wie monolinguale Kinder. Wie wir in Kapitel 1 gezeigt haben, ist dies unter optimalen Inputbedingungen für simultan-bilinguale und für sukzessiv-bilinguale Kinder mit einem frühen Beginn der Zweitsprache der Fall. In diesem Fall würden mehrsprachig aufwachsende Kinder mit DLD ihre zweite Sprache auch in den Schritten der Erstsprache Deutsch erwerben – aber darin DLD-spezifische Ausprägungen zeigen. Für ein türkisch-deutsch sukzessiv-bilinguales Kind mit DLD bedeutete dies, dass im Türkischen die für Türkisch spezifischen Charakteristika der Sprachstörung und im Deutschen die hier bekannten Ausprägungen der Störung deutlich würden.

3.5.1 Spezifische Sprachentwicklungsstörung im Türkischen

Ezel Babur

Der monolinguale Erwerb des Türkischen folgt ähnlichen Phasen des Erwerbs, wie sie auch in anderen Sprachen vollzogen werden. Doch wegen der sprachtypologischen Unterschiede des Türkischen ist es z. B. schwierig, wie im Deutschen von einer Zwei-Wort-Phase zu sprechen, da die türkischen Sätze nicht unbedingt aus zwei Wörtern bestehen müssen. Es ist wichtiger zu prüfen, ob ein Kind die Verben mit mehreren grammatischen Morphemen markiert. In dieser Hinsicht erwerben türkische Kinder vergleichsweise früh und schnell die grammatischen Morpheme, die eine syntaktisch korrekte Einheit ausmachen. Da die türkische Sprache eine agglutinierende Sprache ist, in der die grammatischen Funktionen durch ein Aneinanderfügen der Morpheme vollzogen werden, erkennen Kinder dieses Prinzip schon in den Anfängen ihres Spracherwerbs, wenn sie ihre ersten Verben und Nomen produzieren. Die Vokalharmonie des Türkischen wird schon nach dem ersten Lebensjahr von den Kindern korrekt angewendet und es gibt bisher keine Hinweise darauf, dass mehrsprachig aufwachsende Kinder Schwierigkeiten damit hätten. Die Grundlagen der Vokalharmonie werden daher schon in der Lallphase erworben. Im Türkischen werden alle verbalen Flexive an einen Stamm gefügt, wobei ihre Reihenfolge bestimmten Regeln folgt. Unter diesen Flexiven kommen neben flektierten auch noch die derivationalen Verbformen vor, die im Deutschen den Hilfs- und Modalverben entsprechen. Nach den Suffixen, die Modalität, Tempus und Aspekt ausdrücken, folgen die Personalsuffixe. Damit kann ein türkischer Satz aus einem einzigen Wort bzw. einem flektierten Verb bestehen (siehe Beispiel 33).

Beispiel 33

Yap-	tır-	abil-	ir-	di-	n.
Verbstamm	Kausativ	Modal	Aorist	Perfekt	2. Person Singular
„Du hättest (jemanden) veranlassen können, (es) zu machen.“					

Flektierte Verben nehmen mindestens zwei Suffixe auf, ein Tempus-Suffix und eine Personalmarkierung, wobei die letztere an die Tempus-/Aspekt-Form angepasst wird. Im Imperativ, der aus dem bloßen Verbstamm besteht, und in der dritten Person fehlt die Personmarkierung. Hier wird das grammatische Merkmal Person durch ein explizites Subjektpronomen ausgedrückt oder weggelassen, wenn das Subjekt aus den früheren Sätzen bekannt ist. Die Markierung der 3. Person Plural bleibt in den meisten Fällen ebenfalls unmarkiert, da das Subjektpronomen die Pluralform -lEr enthält.

Der Erwerb der türkischen Verbalmorphologie wird seit den 1980er Jahren umfassend untersucht (z. B. Aksu-Koç/Slobin 1985; Aksu-Koç 1997). Türkische Kinder beginnen im Alter von 18 Monaten damit, die ersten Verben produktiv zu benutzen. In einer „prämorphologischen" Phase (Ekmekci 1982; Ketrez/Aksu-Koç 2009) werden Verben in Stammform produziert, die meist als Imperative wahrgenommen werden. Die prämorphologische Phase ist auch dadurch charakterisiert, dass Ansätze für eine regelhafte Flexion vorhanden sind. Kinder hängen dann dem Verbstamm ein Pseudo-Suffix (-E oder -I) an.

Beispiel 34 aus Ekmekci (1982)

Erwachsene: „Didem, gel buraya.“
Didem, komm mal hierher!
Didem (1;3): „gelemi.“
? Kann nicht.

In der proto-morphologischen Phase nach dem 18. Lebensmonat können die Kinder die Verben mit zwei Markierungen (Tempus-/Aspekt- und Personalmarkierung) angemessen verwenden. Im Alter von zwei Jahren konnte ein Kind aus einer Längsschnittstudie insgesamt 80 Verben mit mehreren Flexiven benutzen. In dieser Zeit tauchen auch die ersten derivativen Verbformen auf.

Untersuchungen zu DLD im Türkischen zeigen, dass auch in einer Sprache mit einer reichen und höchst regelhaften Flexionsmorphologie wie Türkisch morphologische Teilbereiche der Sprache von der Sprachentwicklungsstörung betroffen sind. Die Sprachdaten von bilingual türkisch-deutsch aufwachsenden Kindern mit DLD belegen, dass die Endungen nicht durchgehend funktionell eingesetzt werden. Dabei sind sowohl die Phonologie als auch im grammatischen Bereich die Nominal- und die Verbalmorphologie betroffen (Topbaş 2005, 2007; Uzuntaş 2008, Topbaş / Yavaş 2010; Acarlar / Johnston 2011). Diese Ergebnisse sind in die Entwicklung von Testverfahren für DLD in der Türkei eingeflossen (TEDİL-3 Topbaş / Güven 2011, TODİL Topbaş / Güven 2017).

Bei Kindern mit Türkisch als L1 aus unseren Forschungsprojekten bestätigt sich, dass viele Verben auch noch im Alter von über fünf Lebensjahren als „nackte Stämme", d. h. ohne jegliche Suffixe produziert werden. Besonders betroffen sind Verben in Kontexten für die dritte Person Singular, wo die Personalmarkierung ausfällt, aber die Tempus- / Aspektmarkierung obligatorisch ist. Auch wurden Verben gebildet, die mit einem Vokal (-E / -I) flektiert wurden, wie es in ganz frühen Phasen des Spracherwerbs bei monolingualen Kindern vorkommt. Doch die Kinder mit DLD in unseren Studien waren, verglichen mit monolingualen Kindern und sukzessiv-bilingualen Kindern ohne DLD, für solche abweichenden Produktionen zu alt und ihr Wortschatz zu weit entwickelt. Gleichzeitig konnten die bilingualen Kinder mit DLD Verben sogar mit vier Suffixen markieren. Im Gegensatz dazu zeigten die jüngeren, unauffällig entwickelten bilingualen Kinder diese Erscheinungen nicht.

Im Bereich der Kasusmorphologie sind die Ergebnisse von bilingualen Kindern mit DLD noch deutlicher als in der Verbalmorphologie. Zunächst erläutern wir kurz die türkische Kasusmorphologie, um dann über den Erwerb der Kasusmorpheme zu sprechen. Die Kasusmorphologie im Türkischen richtet sich nach den allgemeinen strukturellen Prinzipien der türkischen Sprache. Auch die nominalen Ausdrücke können mit einer Reihe von nominalen Suffixen versehen werden, Nomen + Pluralendung + Possessiv + Kasus. Damit endet – um mit dem Deutschen zu sprechen – eine „Deklination" fast immer mit einem Kasusmorphem (siehe Beispiel 35). Außerdem können im Türkischen sogar Fragewörter kasusmarkiert sein und es ist möglich, ein Nomen mit sieben Suffixen zu versehen.

Beispiel 35

Ev-	ler-	imiz-	den
Haus	Plural	Possessiv 1. Person Plural	Ablativ
„Aus unseren Häusern“			

Es gibt vier Suffixe zur Markierung von Genitiv (-(n)In), Akkusativ (-I), Dativ -(E) und Lokativ (-DE). Die hier verwendete Schreibung der Suffixe ist in der türkischen Linguistik verbreitet. Der Suffixvokal wird nach den Prinzipien der Vokalharmonie an den letzten Vokal im Stamm angepasst. Ein -I in der Schreibung steht für alle Varianten mit den Vokalen <i>, <ı>, <u>, <ü>, während ein -E die Vokale <a> und <e> und ein -D <d> und <t> einschließt. Der Nominativ wird nicht morphologisch markiert. Der Kasusmorphologie zugeordnet werden außerdem Ablativ (-DEn) und der Instrumentalis (-lE). Unsere Auswertung von Sprachdaten sukzessiv-bilingualer Kinder zeigt in der Verwendung der Kasusmorpheme folgende Besonderheiten:

- Sukzessiv-bilinguale Kinder ohne DLD erwerben die türkischen Kasusmarkierungen in Hinblick auf die Erwerbsreihenfolge wie monolinguale Kinder ohne DLD.
- Die Kinder mit DLD produzieren signifikant mehr Fehler (Auslassungen und Ersetzungen) als die Kinder ohne DLD, und dies sogar noch bis zu einem Alter von 5–6 Jahren. Monolinguale und sukzessiv-bilinguale Kinder ohne DLD bilden kaum Fehler und schon ab einem Alter von 3 Jahren gar keine mehr.

Türkischsprachige Kinder erwerben die Kasusmorphologie bis zur Vollendung des dritten Lebensjahres vollständig. Während des ungestörten Erwerbs tauchen Auslassungen und Ersetzungen auf, die in der Literatur erwähnt, aber als selten betrachtet werden. Ab dem Alter von drei Jahren können die türkischsprachigen Kinder die Kasusmorpheme fehlerfrei verwenden. Dennoch gibt es nur wenige systematische Studien zum Heritage Language Erwerb des Türkischen unter den Bedingungen von DLD (Babur et al. 2007; Chilla/Babur 2010; Rothweiler et al. 2010; Şan 2018) Es ist offen, inwieweit sich Ergebnisse zu DLD in der Standardvarietät in der L1 auch auf den Heritage Language Erwerb übertragen lassen (Şan 2018). Die Autorin belegt in ihrem Vergleich von 20 Heritage Language Kindern aus Frankreich und Deutschland eindeutig, dass der Erwerb der Varietät der einfachen Nutzung von türkischen L1-Sprachtests für die DLD-Diagnostik Grenzen setzt. Ebenfalls zeigt die Evaluation von Ergebnissen aus dem für monolinguale Kinder entwickelten Verfahren T(urkish-)SALT mit in Hamburg bilingual aufwachsenden Kindern ohne DLD, dass einige der Äußerungen bei mit der Standardvarietät monolingual aufwachsenden Kindern als Hinweis auf eine sprachliche Beeinträchtigung gewertet werden müssen (Chilla/Babur 2010).

Die in unseren Studien festgestellten Fehler von monolingualen türkischsprachigen Kindern mit DLD können folglich nicht ohne Weiteres als klinischer Marker für DLD in der Immigrant Turkish Varietät gelten, auch wenn sie in der Standardvarietät als solche etabliert sind. Ganz praktisch folgt daraus, dass Testverfahren für das Türkische, die auf den Erkenntnissen von DLD-Kriterien bei monolingualen Kindern basieren, keine Aussagen zur Diagnose von DLD bei türkisch-deutschen Kindern treffen können, deren Heritage Language eine Immigrant Turkish Varietät ist.

3.5.2 Spezifische Sprachentwicklungsstörung in der Zweitsprache Deutsch

Ausgehend von der Annahme, dass sich eine Spracherwerbsstörung sprachspezifisch ausprägt, könnte man erwarten, dass Kinder mit DLD, die Deutsch als zweite Sprache lernen, dieselben Ausprägungen der Erwerbsstörung zeigen wie monolinguale Kinder mit DLD. Und tatsächlich prägt sich bei simultan- und sukzessiv-bilingualen Kindern DLD in beiden Sprachen aus.

Monolinguale wie bilinguale Kinder mit DLD fallen durch eingeschränkte produktive Fähigkeiten in allen Sprachbereichen auf, wobei Morphologie und Syntax besonders betroffen sind. Weitere Forschungsergebnisse zeigen außerdem, dass mehrsprachige wie monolinguale Kinder mit DLD Schwierigkeiten mit sprachbezogenen Gedächtnisleistungen, Wortschatzerwerb und Erzählfähigkeiten haben (u.a. Abed Ibrahim/Fekete 2019; Armon-Lotem et al. 2015; Armon-Lotem/Grohmann 2021; Chilla 2008; Chilla/Hamann 2018; Chilla et al. 2021; Schönenberger et al. 2012; Hamann/Abed Ibrahim 2017; Gagarina 2021).

Eine Longitudinalstudie zum Erwerb des Deutschen durch drei sukzessiv-bilinguale türkisch-deutsche Kinder mit und ohne grammatische DLD in ihren ersten zwei Jahren des Zweitspracherwerbs (Altersspanne 3;0 – 6;5) führt zu dem Ergebnis, dass sich die drei Kinder mit DLD in ihrem Erwerb der deutschen Hauptsatzstruktur deutlich voneinander unterscheiden. Im Vergleich zu den drei- bis fünfjährigen sukzessiv-bilingualen Kindern ohne DLD erwerben sie die deutsche Satzstruktur und die Verbalflexion qualitativ und quantitativ anders (Chilla 2008).

Alle sukzessiv-bilingualen Kinder mit grammatischer DLD zeigen typische Fehlermuster im verbalen Bereich, wie z.B. nicht-finite Verben (Infinitive) in der Verbzweitstellung (V2). Darüber hinaus bilden alle Kinder mit DLD Sätze mit verbalen Stämmen oder flektierten Verben, die nicht mit dem Subjekt kongruieren, in V2. Die Abbildungen 2 und 3 veranschaulichen den Erwerb der Subjekt-Verb-Kongruenz und die prozentualen Korrektheitswerte von Verben in Deklarativsätzen durch ein sukzessiv-bilinguales Kind (Faruk) und ein sukzessiv-bilinguales Kind mit DLD (Devran). Beide Kinder haben ungefähr im gleichen Alter (ca. drei Jahre) mit dem Erwerb des Deutschen begonnen, aber während Faruk einen schnellen und erfolgreichen Erwerbsverlauf zeigt, gilt das für Devran nicht.

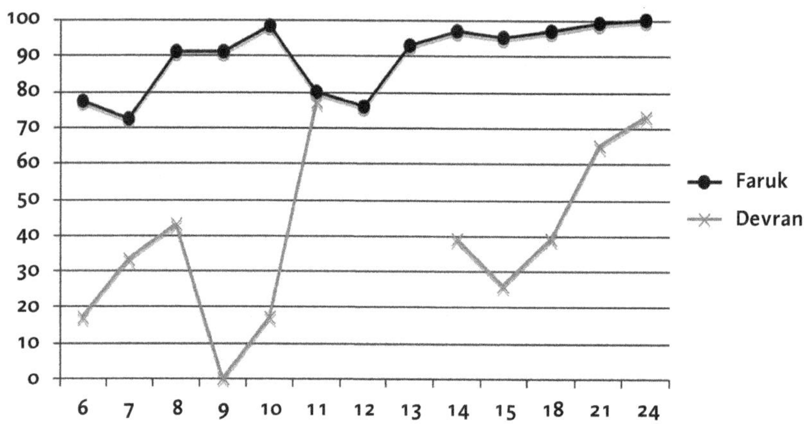

Abb. 2: Erwerb der Subjekt-Verb-Kongruenz, Devran vs. Faruk

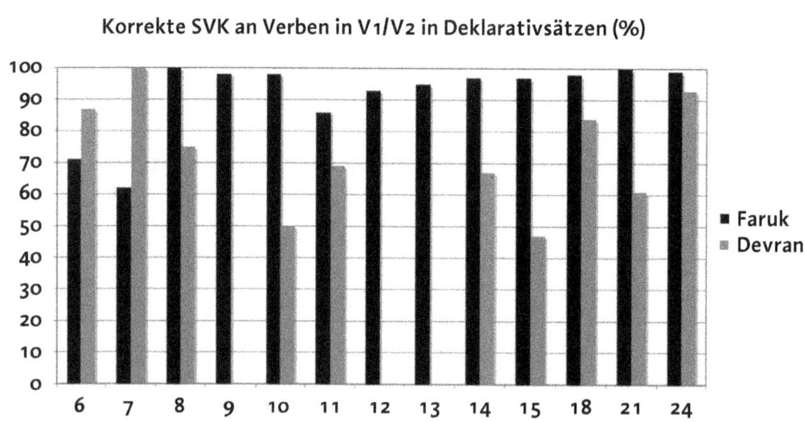

Abb. 3: Korrekte SVK von Verben in Deklarativsätzen, Devran vs. Faruk

Dies bedeutet, dass auch Kinder mit DLD, die ihre zweite Sprache Deutsch früh erwerben, Schwierigkeiten mit der Zuweisung von Subjekt-Verb-Kongruenz haben, wie es von monolingualen Kindern mit DLD bekannt ist. Im späteren Entwicklungsverlauf produzieren sie – wie monolinguale Kinder mit DLD – Sätze mit Verbendstellung. Im Vergleich zu den Erwerbsphasen nach Clahsen (Kap 1.2) entwickeln bilinguale wie monolinguale Kinder mit DLD ihre Grammatik in anderen Schritten und oft langsamer als Kinder ohne DLD. So bevorzugt eines der drei sukzessiv-bilingualen Kinder mit DLD (Ferdi) noch nach 25 Kontaktmonaten mit der Zweitsprache Deutsch einfache Verbstellungsmuster mit kurzen Sätzen (SV oder SVX). Im Türkischen und im Deutschen blieben seine Sätze auch im siebten Lebensjahr im Vergleich zu gleichaltrigen sukzessiv-bilingualen Kindern sehr kurz. Die folgenden Beispielsätze illustrieren Ferdis sprachliche Fortschritte:

BEISPIEL

Beispiel 36

Ferdi (6;5), nach 30 Monaten Kontakt mit dem Deutschen
daf nich witt hole. (=darf nich fisch holen).
rot gehn nich. (= bei rot darf man nicht gehen).
der male? (=der malt?)
bello wieder da. (= der hund bello ist wieder da)

Rothweiler et al. (2012) vergleichen Sprachdaten von sieben sukzessiv-bilingualen Kindern mit DLD (4;4–8;2) mit Sprachdaten von sieben Kindern aus dem Düsseldorfer Dysgrammatismuskorpus (4;8–7;8). Sie bestätigen, dass DLD den Erwerb der Subjekt-Verb-Kongruenz in beiden Gruppen beeinflusst und zeigen darüber hinaus, dass Nebensätze (komplexe Satzstrukturen) erworben werden, auch wenn die Subjekt-Verb-Kongruenz noch nicht durchgängig korrekt ist: Kinder mit DLD gehen also andere Schritte im Erwerb als solche, die mit den „Phasen-“ oder „Meilenstein“-Modellen für monolinguale Kinder beschrieben werden.

Übung 12

Analysieren und vergleichen Sie die beiden Transkripte. Notieren Sie, in welchen Sätzen Sie Hinweise auf eine grammatische DLD ausmachen können. Worin unterscheiden sich die beiden Transkripte? Was haben sie gemeinsam? Begründen Sie Ihre Bewertung.

Transkript 1
Devran (D) (5;6) spielt mit der Interviewpartnerin (I) Playmobil.
D: „warte mal."
D sind ein paar Männchen heruntergerutscht.
D: „ich will alle hoch machen."
D schiebt seine Figuren nach oben.
I: „Ja, du musst alle hoch haben. (…). Ist es eine Frau?"
D: „die alle fraue."
I: „Alle Frauen, ne?"
D: „hab der mütze auf?"
I: „Ja. (…) Wen kannst du aussortieren? Alle?"
D: „aer eine bleibt noch üblich. (aber eine bleibt noch übrig)."
I: „Und äh was ham die alle gemeinsam, die du jetzt runter geschoben hast?"
D: „die habe kein mütze auf. (…)"
D: „hab der weiße haare?"
I: „Nee, weiß nicht, nein."
D: „hab der mann schwarze haare?"
I: „Nein, hat keine schwarzen Haare."
D: „du machst alles das."
D stellt der Interviewerin eine Tüte mit Spielzeug hin.
I: „Warte mal."
D: „das muss mal hier bleiben, weil müssen das machen."
D nimmt die Straßenmatte und beginnt, diese aufzufalten.

Transkript 2 Augsburger-Korpus (Wegener 1993; 1995)
Me (7;7) erzählt, was sie auf verschiedenen Bildern sieht.
Du musst helfen.
Äh weil er weiß nichts schwimmen, den Mann.
Dieses Mann.
Er hilft.
Er hilf- er helft dem.
Er – er hilft dieses Mann.

Der Papa und Sohn, er schlaft – nein.
Er bleibt im Bett.
Er kommt ein – äh, ein Cowboy.
Und – äh, er sagen auatsch.
Und er ist runterfall.
Dast ganz schlechtes Mann.
Hat nicht – äh – äh nicht gelegen.
Die Mutti hat nicht Ei gelegen – gelegt.
Weil er kauft nicht den Bonbons.
Weil dem – äh nicht kaufts den Bonbons Mutter.

Wenn Sie die Transkripte analysiert haben, wird Ihnen aufgefallen sein: Mehrsprachige Kinder, die sukzessiv-bilingual aufwachsen, können im Bereich der Verbstellung und der Verbflexion Strukturen wie erwachsene ZweitsprachlernerInnen bilden. Dies gilt besonders für sukzessiv-bilinguale Kinder, die mit ihrem Zweitspracherwerb des Deutschen nach dem 3. Lebensjahr beginnen. Und tatsächlich belegen viele Studien, dass sich die Übergangsphänomene des DaZ-Erwerbs mit den störungsspezifischen Charakteristika von DLD auf produktiver Ebene überschneiden (Schöler et al. 1998; Chilla 2008; Paradis 2011).

Prüfen Sie sich selbst: Nur eines der beiden Kinder in obiger Übung (nämlich Devran, den Sie schon aus den Grafiken kennen) ist tatsächlich von DLD betroffen. Die Beispiele verdeutlichen: Sofern die Ausprägungen von DLD und die für den Zweitspracherwerb charakteristischen Abweichungen von der Zielsprache isoliert auf der Ebene von Sprachproben bewertet werden, könnten Auffälligkeiten wie z. B. nicht-finite Verben in V2 sowohl zweitspracherwerbstypische Strukturen als auch Auswirkungen der Spracherwerbsstörung auf grammatischer Ebene sein.

Studien zu simultan-mehrsprachig aufwachsenden Kindern mit DLD lassen den Schluss zu, dass die Spracherwerbsstörung tatsächlich den Erwerb in beiden Sprachen betrifft. Simultan-bilinguale Kinder können in ihren beiden Sprachen dieselben grammatischen Auffälligkeiten wie gleichaltrige monolinguale Kinder mit DLD zeigen. Im Gegensatz dazu ist das Bild bei sukzessiv-bilingualen Kindern heterogener, da verschiedene interne und externe Faktoren den Erwerb beeinflussen, wie wir weiter oben ausgeführt haben. Aus den vorliegenden Studien zu vielen verschiedenen Sprachkonstellationen (u. a. Französisch-Englisch, Englisch-Hebräisch, Türkisch-Deutsch, Arabisch-Schwedisch oder Spanisch-Englisch) wird deutlich, dass sich Mehrsprachigkeit und DLD grundsätzlich nicht gegenseitig negativ beeinflussen (für einen Überblick Paradis 2010). DLD und zwei oder mehr Sprachen stellen für ein Kind also keine doppelte Belastung im Erwerb dar. Die Ergebnisse liefern eher Hinweise auf einen positiven Zusammenhang, der mit einer bei Mehrsprachigkeit einhergehenden früheren Entwicklung von Sprachbewusstheit erklärt werden könnte.

Mittlerweile gibt es viele Erkenntnisse zu DLD in den Standardvarietäten von Sprachen, die Kinder in Deutschland sprechen, wie z. B. Farsî, Vietnamesisch, syrisches Arabisch, Portugiesisch oder Russisch. Nicht immer liegen Testverfahren vor und ihre Anwendung bei Heritage Language Kindern ist aus verschiedenen Gründen problematisch (Kap. 4). Die Beschreibung von Veränderungen von Erstsprachen in der Migration für viele dieser Sprachen steht noch aus.

Zusammenfassend wird deutlich, dass sich die Diagnostik von DLD nicht allein auf die Spontansprache konzentrieren darf. Die Abgrenzung von „DLD“ und Erwerbsschritten, die für den kindliche Zweitspracherwerb typisch sind, erfordert über die Detailanalyse der sprachlichen Entwicklung hinaus weitere interdisziplinäre Zusammenarbeit erstens im Sinne der Abklärung aller Faktoren, die den Erwerb der Erst- und der Zweitsprache beeinflussen, und zweitens im Sinne der Ausschlusskriterien für DLD.

Wichtig ist, dass sich bei sprachunauffälligen sukzessiv-bilingualen Kindern zumindest eine Sprache unproblematisch entwickelt, während von DLD auf jeden Fall beide Sprachen betroffen sind. Eine Verzögerung oder Auffälligkeit in lediglich einer der beiden Sprachen eines zweitsprachlernenden Kindes ist nicht hinreichend, um eine Spezifische Sprachentwicklungsstörung anzuzeigen.

4 Diagnostik im Kontext von Mehrsprachigkeit

In statistischen Ergebnissen aus Verfahren zur Erhebung des Sprachstandes werden rund 45 % aller mehrsprachig aufwachsenden Kinder als förderbedürftig eingestuft. Zahlen aus Hamburg identifizieren 21 Schulen, in denen der sprachliche Förderbedarf bei über 50 % aller SchülerInnen festgestellt wird, in einigen Bildungseinrichtungen sind es sogar 88 % (May/Kintze 2008). Der Bildungsbericht 2012 erkennt deutliche Segregationstendenzen in Kindertageseinrichtungen. Kinder, die mit ihren Eltern zu Hause nicht Deutsch sprechen, werden zu einem Drittel in Kindertageseinrichtungen betreut, in denen über die Hälfte der Kinder ebenfalls eine andere nicht-deutsche Familiensprache hat (Autorengruppe Bildungsberichterstattung 2012, 7). Hinzu kommt, dass Kindern mit nicht-deutscher Familiensprache häufiger eine Sprachförderung empfohlen wird als monolingual deutschsprachigen Kindern (Autorengruppe Bildungsberichterstattung 2012, 9). Doch wie kommt dieser Wert zustande? Was bedeutet es, wenn bei einem mehrsprachig aufwachsenden Kind „sprachlicher Förderbedarf" erkannt wird? Welche Bedeutung haben Bildungsmonitoring und vergleichende Erhebungen für das mehrsprachige Individuum? Und welche Bedingungen beeinflussen das gute oder schlechte Abschneiden einzelner Schulen bei vergleichenden Sprachstandserhebungen?

Im Folgenden wollen wir uns mit diesen Fragen näher beschäftigen. Dass speziell Kinder und Jugendliche „mit Migrationshintergrund" besonderer Unterstützung in ihrer (Sprach-)Entwicklung benötigen, wird mittlerweile aufgrund der nachgewiesenen durchschnittlich schwächeren Ergebnisse in den internationalen Schulleistungsstudien und nationalen Vergleichsarbeiten erkannt (Autorengruppe Bildungsberichterstattung 2020). Aus der Perspektive von Bildungsteilhabe, die maßgeblich durch Fähigkeiten in der Mehrheitssprache Deutsch bestimmt ist, interessiert besonders, unter welchen Bedingungen „Sprachdiagnostik im Lernprozess" (Reich/Roth 2007) möglich wird. Speziell die Evaluation des aktuellen Entwicklungsstandes auf verschiedenen sprachlichen Ebenen stellt ein wichtiges Instrument im Rahmen des Erhebungsprozesses dar.

4.1 Sprachstandserhebungen und Sprachscreenings

Ziel von Sprachstandserhebungen im Kontext kindlicher Mehrsprachigkeit ist es meist, den Sprachstand von Kindern ein bis zwei Jahre vor der Einschulung zu erfassen, um eine Orientierung über den individuellen sprachlichen Förderbedarf zu erhalten. Einen umfassenden und kritischen Überblick von Sprachstandtests bieten Kany / Schöler (2010).

Aus der Bund-Länder-Initiative „Bildung durch Sprache und Schrift" (BiSS, 2013–2019) ist ein Transferportal entstanden, das über eine Internetseite umfangreiche Materialien, Praxisinformationen und Inhalte zu Verfahren und Konzepten der Sprachbildung, Lese- und Schreibförderung zur Verfügung stellt. Über die Internetseite https://www.biss-sprachbildung.de/angebote-fuer-die-praxis/tool-dokumentation/ können nicht nur vielfältige Informationen zur Diagnostik, sondern auch zu den meisten Erhebungs- und Förderverfahren, die in der Praxis zum Einsatz kommen, abgerufen werden. Hier werden kurz und bündig Qualitätsstandards erläutert und wissenschaftlich fundiert Empfehlungen für Förder- und Diagnoseverfahren gegeben.

Im Zentrum von Sprachstandserhebungen steht die Erfassung kindlicher Fähigkeiten in ausgewählten sprachlichen Teilbereichen (z. B. passiver Wortschatz, phonologische Bewusstheit oder das Erzählen ganzer Geschichten mit Hilfe einer Bildergeschichte), um so ein objektiveres Bild des individuellen Förderbedarfs zu gewinnen, der über die subjektive Beobachtung und Einschätzung der sprachlichen Kompetenzen von Kindern durch pädagogische Fachkräfte hinausgeht. In allen Bundesländern ist man sich einig, dass Kompetenzen in der (Zweit-)Sprache Deutsch erfasst werden sollen. Umstritten aber ist, ob auch die erstsprachliche oder gar die mehrsprachige Entwicklung im Erhebungsprozess berücksichtigt werden soll.

Screenings als eine Form von Sprachstandserhebungen können als zeitlich und finanziell ökonomische Verfahren verstanden werden, mit denen aufgrund eines groben Rasters Kinder, deren (sprachliche) Entwicklung einer definierten Norm entspricht, von Kindern differenziert werden können, die entweder einer weiteren und umfassenderen Diagnostik zugeführt werden und / oder an generellen Fördermaßnahmen in der Einrichtung teilnehmen. Während sich ein Screening auf wenige sprachliche Teilaspekte und kurze Untertests beschränkt, dafür aber meist bei allen Kindern eines Jahrgangs angewandt wird, haben umfangreichere Verfahren das Ziel, möglichst alle sprachlichen Teilbereiche zu berücksichtigen und ein differenzierteres Bild des individuellen Sprachstandes zu zeichnen. Diese Instrumente bedürfen aber meist einer aufwändigeren Schulung der Durchführenden.

Verfahren unterscheiden sich nicht nur in ihrer sprachwissenschaftlichen Fundierung und in ihrer Adressatenorientierung (z. B. Kinder mit mehrsprachigem Hintergrund vs. alle Kinder eines Jahrgangs), sondern auch in ihrer messmethodischen Güte und speziell in den sprachlichen Teilbereichen, die als aussagekräftig für den Sprachstand eines Kindes bewertet werden (vgl. BiSS-Sprachbildung 2021).

AutorInnen wie Ehlich (2005a; 2005b), Fried (2004), oder Gogolin et al. (2001) haben verschiedene Sprachstandserhebungsinstrumente verglichen und kommen zu dem Ergebnis, dass aussagekräftige Ergebnisse über die sprachliche Entwicklung eines monolingualen oder eines mehrsprachig aufwachsenden Kindes erst dann zu erwarten sind, wenn folgende Kriterien erfüllt sind:

Sprachstandserhebungsverfahren sollten

- testtheoretischen Standards genügen,
- das Zusammenspiel von Kompetenz und Performanz reflektieren,
- als ein gestuftes Verfahren konzipiert sein, das aus einem kurzen Screening für alle Kinder und aus einem zusätzlichen Instrument zur detaillierten qualitativen Beschreibung individueller kindlicher Sprachentwicklung besteht,
- an den sprachlichen Kompetenzen und nicht an den sprachlichen Defiziten orientiert sein und die gezielte sprachliche Förderung als Ziel der Erhebung definieren,
- die kindliche Zwei- und Mehrsprachigkeit berücksichtigen,
- konsequent auf den Standards der gesprochenen Sprache basieren,
- an der kindlichen Sprachentwicklung orientiert sein,
- entwicklungs- und förderorientiert sein,
- nicht zuletzt handhabbar und praxisnah gestaltet sein.

Die Forderung nach einer psycholinguistischen Fundierung der Verfahren als ein wichtiger Qualitätsaspekt führt notwendigerweise zu der Frage nach dem linguistischen Bezugsmodell. So zeigen die in Kapitel 1 genannten Untersuchungen zum Erwerb der Verbflexion und der Satzstruktur von Kindern mit verschiedenen Erstsprachen, die im Alter von ca. drei Jahren mit dem Erwerb des Deutschen beginnen („sukzessiv-bilinguale Kinder“), dass sich deutliche Gemeinsamkeiten zu Entwicklungsschritten aus dem monolingualen Erwerb feststellen lassen. Wenn ein für monolinguale Kinder entwickeltes Modell des Erwerbs der deutschen Grammatik auf den mehrsprachigen Erwerb übertragen wird und damit als Grundlage von Verfahren zur Sprachstandsfeststellung dient, dann wird angenommen, dass mehrsprachig aufwachsende Kinder diese grammatischen Aspekte prinzipiell wie im Erstspracherwerb meistern können (im Sinne eines simultan-bilingualen Erwerbs) (Kap. 1). Die Konzeption des Verfahrens LiSe-DaZ (Schulz/Tracy 2011) beruht darauf, dass der Erwerb der Satzklammer sowohl für monolinguale als auch für mehrsprachig aufwachsende Kinder ein wichtiger Entwicklungsschritt ist. Es handelt sich bei LiSe-DaZ um das bisher einzige Erhebungsverfahren für die Zweitsprache Deutsch von Kindern zwischen 3;0 und 7;11, welches testtheoretischen und sprachwissenschaftlichen Standards entspricht. Das Modell von Meilensteinen in der monolingualen Entwicklung (Kap. 1) scheint aufgrund des derzeitigen Forschungsstandes auch zur Analyse des Erwerbs wesentlicher Schritte in der Syntax des Deutschen als L2 im Kindesalter aufschlussreich zu sein. Für Kinder, die ab dem fünften Lebensjahr durch Migration oder Flucht mit Deutsch beginnen, scheinen Erwerbsmodelle angemessener zu sein, die aus dem Zweitspracherwerb Erwachsener bekannt sind, wie Hamann et al. (2020) und Hertel et al. (2022) zeigen.

Übung 13

Rufen Sie bitte die Internetseite https://www.biss-sprachbildung.de/angebote-fuer-die-praxis/tool-dokumentation/qualitaetscheck-der-diagnose-tools/qualitaetscheck-der-diagnose-tools-fuer-den-elementarbereich/auf und vergleichen Sie bitte die dortigen Verfahren. Welches kennen Sie? Welches haben Sie selbst schon eingesetzt? Welches ist ggf. in Ihrer Einrichtung obligatorisch?

Vergleichen Sie Ihre Praxis mit dem dortigen Bewertungsraster: Sind Sie überrascht, wie das Verfahren bewertet wurde? Teilen Sie die Bewertung oder legen Sie andere Kriterien zugrunde als die BiSS-AutorInnen? Berücksichtigen Sie bei Ihren Überlegungen bitte

- Ziele, die Sie mit dem Einsatz des Verfahrens verfolgen?
- Zielsetzungen des Verfahrens?
- Für welche Zielgruppe?
- Welche sprachlichen Bereiche werden überprüft?
- Welche Methoden und Materialien werden genutzt?
- Wie werden die Eltern einbezogen?
- Ob und auf welche Weise betten Sie das Verfahren in ein Sprachförderkonzept ein?

4.2 Sprachpädagogische Diagnostik im Kontext von Mehrsprachigkeit

Der Anspruch sprachpädagogischer Diagnostik im Kontext von Mehrsprachigkeit geht weit über die Standards, die für Sprachstandserhebungsverfahren formuliert werden, hinaus. Wir verknüpfen mit einem sprachpädagogisch fundierten Vorgehen in der Diagnostik eine konsequente personale Orientierung (Kracht 2000; Kracht et al. 2004; Chilla 2015; 2019). Das Kind als Subjekt steht mit seinen individuellen Voraussetzungen und Entwicklungsbedingungen im Zentrum der Betrachtung. Kracht fordert, dass eine professionelle sprachpädagogische Diagnostik auf drei Ebenen personal angelegt werden muss:

- Rekonstruktion der Entwicklungsbedingungen sprachlicher Handlungsfähigkeit,
- das Erschließen aktueller Spracherfahrungen in den Lebens- und Lernwelten des Individuums,
- das Beschreiben und Analysieren des vom Kind verwendeten Sprachsystems und seiner Regeln auf allen sprachlichen Ebenen.

Das Ziel sprachpädagogischer Diagnostik besteht folglich in einer umfassenden und individuumszentrierten Erhebung, die alle den Sprachenerwerbsprozess beeinflussenden Faktoren berücksichtigt und geeignet ist, Schlussfolgerungen für die Verbesserung von sprachlichen Angeboten zu formulieren, sodass das Kind seine mehrsprachige Handlungsfähigkeit erweitern kann. Reine Momentaufnahmen der Entwicklung in einzelnen sprachlichen Teilbereichen, wie sie z. B. durch Screenings entstehen, sind für eine angemessene Diagnostik nicht genug. Darüber hinaus sind viele Verfahren nicht personal orientiert. Im Zentrum einer sprachpädagogischen Diagnostik steht vielmehr das mehrsprachige Individuum – oder mit anderen Worten –, stehen die lebensweltlichen, sozialen und individuellen Bedingungen der sprachlichen Entwicklung eines Kindes (Kracht 2000, 2007).

Aus unserer sprachpädagogischen Perspektive heraus liegt sprachlicher Förderbedarf dann vor, wenn das mehrsprachig aufwachsende Kind in seiner sprachlichen Handlungsfähigkeit beeinträchtigt wird. Diese Beeinträchtigungen können externer Natur sein (z. B. im Falle eines qualitativ und quantitativ nicht angemessenen Inputs (Kap. 1) oder in internen Bedingungen begründet liegen (z. B. durch das Vorliegen einer genuinen Spracherwerbsstörung) (Kap. 3).

Der Beschreibung und Analyse des vom Kind verwendeten Sprachsystems und seiner Regeln wird im Rahmen von sprachpädagogischer Diagnostik eine wichtige Rolle beigemessen. Im Unterschied zu vielen Verfahren zur Erhebung des Sprachstandes wird hier jedoch aus einer Perspektive der „Anerkennung mehrsprachiger Entwicklung als pädagogische Grundhaltung“ (Kracht 2003; 2007) die kindliche Mehrsprachigkeit selbst in das Zentrum der Erhebung gerückt.

Sprachpädagogische Diagnostik berücksichtigt, dass die Modelle mehrsprachige Realitäten nur unzureichend widerspiegeln: Die Beschreibung der lebensweltlichen Mehrsprachigkeit eines in Deutschland aufwachsenden Kindes als „simultan-bilingual“, „sukzessiv-bilingual“ oder „kindlicher Zweitspracherwerb“ ist äußerst kompliziert, da sehr viele Faktoren zu berücksichtigen wären, die mit den linguistischen Modellen nicht erfasst werden (Kap. 1). In einem sprachpädagogischen Vorgehen muss daher sorgfältig geprüft werden, wie im Einzelfall „Abweichungen“ zu fassen sind. „Abweichungen“ auf sprachlicher Ebene wären so zunächst als „Abweichungen“ von den idealisierten Erwerbsverläufen gängiger Erwerbsmodelle und weniger als Beeinträchtigung der individuellen Sprachentwicklung zu verstehen.

Es ist zu prüfen, ob bezugswissenschaftliche Erstspracherwerbsmodelle uneingeschränkt auf den sukzessiv-bilingualen Erwerb übertragen werden können. Ein zwischen monolingualen und sukzessiv-bilingualen Kindern möglicherweise ähnlicher „Endzustand“ der sprachlichen Entwicklung beim Übergang in die Grundschule (z.B. auf der Ebene der Grammatik im Sinne einer vergleichbaren spontansprachlichen Performanz) muss nicht zwangsweise von einem mit monolingualen Modellen erfassbaren Erwerbsverlauf herrühren. Genauso, wie es vorkommt, dass sukzessiv-bilinguale Kinder in ihrem Erwerb der deutschen Grammatik ähnliche Schritte vollziehen wie monolinguale Kinder, ist es möglich, dass ihr Erwerbsprozess, z.B. Transfer, durch den Zeitpunkt des Erwerbsbeginns und auch metasprachliche Fähigkeiten, über die sukzessiv-bilinguale Kinder, anders als monolinguale Kinder, bereits zu Beginn ihres Zweitspracherwerbs verfügen, beeinflusst wird.

Es erscheint schwierig, aus den bisherigen Forschungsergebnissen Rückschlüsse hinsichtlich „des“ geeigneten Modells für den kindlichen Zweitspracherwerb zu ziehen. Was man weiß: die Variabilität ist groß und es sind auch noch nicht alle Erwerbsbereiche so intensiv wie bei Monolingualen erforscht.

Gerade vor dem Hintergrund der anfangs genannten hohen Zahlen von mehrsprachig aufwachsenden Kindern „mit sprachlichem Förderbedarf“ ist ein individualisiertes, sprachpädagogisches, prozessorientiertes Vorgehen, das konsequent auf die Förderung der (sprachlichen) Entwicklung eines Kindes ausgerichtet ist, sinnvoll. Aus den Forschungsergebnissen lässt sich ableiten, dass die externen Bedingungen des mehrsprachigen Erwerbs maßgeblichen Einfluss auf den Erwerbsverlauf der ersten und der zweiten Sprache haben –

und damit notwendig auch auf die Aussagekraft von Sprachstandserhebungen zu einem bestimmten Entwicklungszeitpunkt (Kap. 3). Dies hat Konsequenzen für die Ermittlung von Normwerten oder Normabweichungen des mehrsprachigen Erwerbs: In die Interpretation von durch Screenings oder Sprachstandserhebungsverfahren ermittelten Förderbedarfe sind die individuellen Entwicklungsbedingungen stets mit einzubeziehen. Allein an monolingualen Normen und/oder an sprachstrukturellen Kriterien orientierte Erhebungen greifen hier zu kurz.

Der Rekonstruktion der individuellen Sprachbiografie und speziell der Sprachentwicklung vor Eintritt in eine Institution der Mehrheitsgesellschaft kann in diesem Zusammenhang ein besonderer Stellenwert beigemessen werden. Dabei ist zu beachten, dass „der Bilinguale nicht einfach nur zwei Monolinguale in einer Person“ (Grosjean 1989) ist.

- Erstens liegen für viele der Erst- und Familiensprachen (z.B. Farsî) von Kindern, die in Deutschland mehrsprachig aufwachsen, keine Erhebungsinstrumente vor. Mehr noch: Wenn Verfahren zur Ermittlung des Sprachstandes vorhanden sind, sind diese meist an einer monolingualen Bezugsnorm orientiert. Sprachen in der Migration, wie z.B. die Immigrant-Turkish-Varietät (Kap. 3), erfahren spezifische Veränderungen, deren Kenntnis eine unabdingbare Voraussetzung für die Bewertung der Sprachentwicklung ist. Obwohl verschiedene Erhebungsverfahren zur Bewertung der Erstsprache entwickelt werden (Asbrock et al. 2011; Motsch 2011 (ESGRAF-MK); Nas 2009 (TAT); Wagner 2010 (SCREEMIK)), berücksichtigen diese migrationsspezifische Veränderungen der Erstsprache kaum. Ausnahmen bilden der „Sprachstand Russisch“ (Gagarina et al. 2010) und der HAVAS-5 (Reich/Roth 2004). Regionale Unterschiede des Sprachgebrauchs werden meist gar nicht bedacht bzw. in die Evaluation der Verfahren mit einbezogen. So sind Fossilierungen in der Erstsprache Russisch bei Kindern in Thüringen sehr viel häufiger als z.B. im Großraum Berlin oder München (Chilla et al. 2011). Keines der bisher entwickelten Verfahren ist geeignet, eine DLD in der Erstsprache eindeutig zu identifizieren, und dies auch nicht, wenn die Testergebnisse vor dem Hintergrund der Sprachdominanz zum Testzeitpunkt interpretiert werden.

- Eine Analyse und Bewertung der Entwicklung in der Erstsprache sollte zweitens nur von ExpertInnen in der jeweiligen Sprache durchgeführt werden, die über die spezifischen Charakteristika kindlicher Sprachentwicklung informiert sind. Vor diesem Hintergrund sind computergestützte Programme, die eine Sprachdiagnostik ohne Kenntnis der (kindlichen) Erstsprache in der Migration seitens der Diagnostizierenden intendieren, als hoch problematisch zu bewerten. Hinzu kommt, dass die Erhebungen meist auf einer erwachsenen bzw. standardsprachlichen Norm ohne Berücksichtigung des veränderten Erstspracherwerbs sukzessiv-bilingualer Kinder in der Migration erfolgen. Hinsichtlich der Interpretation „abweichender Strukturen" im bilingualen Erwerb könnte ein solcher Standard irreführend sein, da Zwischenschritte des Spracherwerbs, z. B. in der phonologischen oder der morphosyntaktischen Entwicklung, nicht berücksichtigt oder möglicherweise sogar fehlerhaft als sprachstörungsspezifische Charakteristika interpretiert werden könnten. Sprachdiagnostische Verfahren können nicht einfach übersetzt oder ohne eine Passung der Bezugsnormen bei mehrsprachig aufwachsenden Kindern angewandt werden.

Sprachpädagogische Diagnostik berücksichtigt möglichst alle die sprachliche Handlungsfähigkeit beeinflussenden Faktoren, und dies speziell bei mehrsprachig aufwachsenden Kindern. So sollten zu jeder Erhebung ein Elterngespräch und ein Gespräch mit der/dem BezugserzieherIn eines Kindes gehören. Ein Beispiel für ein strukturiertes Vorgehen in den Gesprächen zur Erfassung der familiären und alltäglichen Sprachgebrauchssituation sind die im Rahmen unserer Projekte entstandenen und kontinuierlich weiterentwickelten Elternfragebögen, die sich u. a. in der deutschen Version des PaBiQ (Tuller 2015) wiederfinden (Kap. 4.4).

Wenn Leitfragen genutzt werden, sind sie Grundlage für ein Gespräch zwischen Erhebendem/r und Eltern/BezugserzieherIn, nicht aber als Fragebogen für die Hand des Gegenübers gedacht. Die GesprächspartnerInnen sollten selbst wählen können, in welcher Sprache gesprochen wird. Dies kann die Familiensprache, Deutsch oder eine ganz andere Sprache sein. Das Gespräch mit den Eltern des Kindes ist besonders wichtig, da aus den Aussagen der Eltern wesentliche Hinweise in Bezug auf eine unauffällige oder auffällige Sprach- und Gesamtentwicklung des Kindes gewonnen werden können.

Die (Re-)Konstruktion der Entwicklung bei mehrsprachig aufwachsenden Kindern wird oft erstens dadurch erschwert, dass man im anamnestischen Gespräch häufig auf nichtprofessionelle Ad-hoc-DolmetscherInnen, wie Geschwister, KollegInnen oder anderes Personal in der Einrichtung zurückgreifen muss. Zweitens ist es nicht immer möglich, aufgrund der Aussagen der Eltern oder aufgrund der Sprachbarriere zwischen Eltern und Diagnostizierenden klare Hinweise auf eine mögliche Beeinträchtigung der Sprachentwicklung zu erhalten. Kroffke/Meyer (2007) empfehlen für Elterngespräche mit (Ad-hoc-)Dolmetschenden:

- Erläutern Sie in einem Vorgespräch mit der dolmetschenden Person den Zweck und die Inhalte des geplanten Gesprächs.
- Beachten Sie, dass medizinische, pädagogische oder sprachtherapeutische Kenntnisse nicht notwendigerweise zu einer besseren Dolmetschleistung führen. Ein/e dolmetschende/r KollegIn mag andere Dinge für relevant halten als die/der BezugserzieherIn, Grundschullehrkraft oder die/der SprachtherapeutIn, die/der die Anamnese durchführt.
- Bitten Sie die dolmetschende Person, kurze Abschnitte zu dolmetschen. Dabei sollte jedoch genug Raum für die Sorgen und die Fragen der Eltern bleiben.
- Bitten Sie die dolmetschende Person, eigene Interpretationen und Nachfragen als solche zu kennzeichnen.
- Planen Sie genug Zeit für das Gespräch ein. Beachten Sie, dass ein gedolmetschtes Elterngespräch doppelt so lange dauern kann wie ein Gespräch mit einem/einer monolingualen Person.

Zweitens ist der Einsatz von geschulten professionellen Dolmetschenden in der Diagnostik von Kommunikationsstörungen bei Kindern – sofern diese überhaupt verfügbar sind – mit ethischen und fachlichen Schwierigkeiten verbunden. Professionelle DolmetscherInnen sollten mit LogopädInnen bzw. SprachtherapeutInnen die Testverfahren zur Überprüfung der Erst- und Zweitsprache eingehend besprechen, um die Qualität des Elterngesprächs bzw. der Sprachstandserhebung zu gewährleisten.

Die Förderung von sprachlicher Entwicklung und Sprachstandserhebung sollte zueinander in Beziehung gesetzt werden, sodass die Verfahren nicht nur objektiv, sondern auch prozessorientiert gestaltet werden. Fasst man Forschungsergebnisse aus aktuellen Verfahren zur Erfassung des Sprachstandes bei mehrsprachigen Kindern, Ergebnisse zur Mehrsprachigkeitsforschung und die Anforderungen sprachpädagogischer Diagnostik zusammen, so können die im folgenden Kasten genannten Aspekte als aussagekräftig für eine Einschätzung des momentanen Entwicklungsstandes sein und daher – über die weiter oben genannten Standards hinaus – sinnvoll in die sprachpädagogisch motivierte Erhebung des Sprachstandes integriert werden.

Aspekte der sprachpädagogischen Erhebung des Sprachstandes bei mehrsprachigen Kindern

- eine grundsätzliche Entwicklungsorientierung am mehrsprachigen Individuum,
- eine Erhebung der syntaktischen und der morphosyntaktischen Entwicklung in beiden (allen) Sprachen des Kindes, idealerweise als Spontansprachprobe (vgl. z.B. HAVAS-5),
- eine konsequente Basierung der Verfahren auf psycholinguistischen Forschungsergebnissen, deren Validität an heterogenen Gruppen ein- und mehrsprachig aufwachsender Kinder erprobt wurde (vgl. z.B. LiSe-DaZ; Sprachstand Russisch),
- eine Kombination von Sprachproduktionsdaten mit Untertests zur phonologischen Diskriminierung und der auditiven Verarbeitung (vgl. z.B. HASE).

Der Berücksichtigung von Spracherwerbs- und der Sprachgebrauchsbedingungen kommt eine herausragende Stellung zu. Wichtig sind besonders die folgenden Aspekte:

- Beginn des Zweitspracherwerbs
- Dauer des Kontakts zu den Sprachen (in Kontaktmonaten)
- Erwerbskontext (mehrsprachige Kita versus einziges mehrsprachiges Kind auf dem Land; außerinstitutionelle Bedingungen (welche Sprache wird tatsächlich in der Familie gesprochen, nicht: welche Staatsangehörigkeit haben die Eltern); wächst das Kind bei der Oma auf; hat es überwiegend mehrsprachige oder überwiegend einsprachige FreundInnen usw.)
- Sprachpräferenzen
- Schuleintritt
- Schriftspracherwerb in den Sprachen des Kindes
- Wertigkeit der Sprachen (Bewertung und Wertschätzung der Mehrsprachigkeit durch die MitarbeiterInnen in der Institution und in der Familie des Kindes)
- Qualität des Inputs in der Einrichtung und in der Bezugsgruppe
- Quantität des Inputs in der Einrichtung und in der Bezugsgruppe

Zusammenfassend lässt sich festhalten, dass Sprachstandserhebungsverfahren – speziell in Form von Screenings – nicht ausreichen, wenn ihr Einsatz in einer Erfassung sprachlicher Förderbedürfnisse begründet liegt. Es ist zu wünschen, dass dem pädagogisch fundierten sprachdiagnostischen Prozess zukünftig mehr Raum beigemessen wird. Eine Möglichkeit bestünde in der Kombination aus teilnehmender Beobachtung (z. B. durch Sprachlerntagebücher) und objektiven und an testtheoretischen Standards orientierten Messverfahren, die verschiedene sprachliche Bereiche gleichermaßen berücksichtigen und das mehrsprachige Individuum in das Zentrum des diagnostischen Prozesses rücken.

4.3 Sprachpädagogische Diagnostik bei Verdacht auf Sprachentwicklungsstörungen bei mehrsprachigen Kindern

Viele Faktoren begrenzen die Diagnostik von Sprachentwicklungsstörungen (DLD) bei Mehrsprachigkeit. Da bisher kein gesichertes Modell für den sukzessiv-bilingualen Erwerb des Deutschen zur Verfügung steht, besteht die Gefahr von Fehldiagnosen. Erstens ist es möglich, dass mehrsprachig aufwachsende Kinder aufgrund ihrer von Gleichaltrigen abweichenden Entwicklung des Deutschen als Kinder mit Spracherwerbsstörung diagnostiziert werden. Wie in Kapitel 3 gezeigt, sind die sprachlichen Charakteristika des sukzessiv-bilingualen Erwerbs bei Kindern ohne DLD nicht in jedem Fall von denen monolingualer Kinder mit einer Spezifischen Sprachenwicklungsstörung zu unterscheiden (vgl. auch z. B. Paradis 2005; Schöler et al. 1998). Rothweiler (2007b, 110) spricht in Anlehnung an Paradis (2005) von „mistaken identity“, um den Umstand zu erfassen, dass aufgrund von Gemeinsamkeiten zwischen sukzessiv-bilingualem Grammatikerwerb und den Ausprägungen von DLD möglicherweise viele mehrsprachige Kinder mit Sprachentwicklungsstörung als „typische ZweitsprachlernerInnen“ bewertet werden. Die Sprachentwicklungsstörung bleibt folglich unerkannt.

Hinzu kommt: nicht alle Sprachenkonstellationen sind untersucht, die meisten Studien berücksichtigen nur zweisprachige, nicht aber drei- oder mehrsprachige ProbandInnen, Testverfahren für die L1 als Heritage Language sind unzureichend oder können aufgrund des fehlenden Fachpersonals nicht angewandt werden und der Vergleich von Spontansprachproben liefert keine eindeutigen diagnostischen Abgrenzungen (z. B. in Bezug auf Subjekt-Verb-Kongruenz), die typische Abweichungen des kindlichen Zweitspracherwerbs von den Ausprägungen einer grammatischen DLD unterscheiden können. Mit bisherigen Testverfahren und -praktiken sind Fehldiagnosen daher häufig: Daten aus unseren

Projekten BiLAD (Hamann et al. 2013-2016) und BiliSAT (Chilla/Hamann 2017-2020) mit 223 ProbandInnen belegen, dass 32% der 5- bis 13-jährigen bilingualen Kinder und Jugendlichen durch ÄrztInnen, LogopädInnen oder SonderpädagogInnen fehlerhaft als Kinder mit Spracherwerbsstörung diagnostiziert worden waren. Bei weiteren 3% migrationsbedingt mehrsprachigen Kindern wurde die Spracherwerbsstörung mit den bisherigen Routinen und Verfahren in Logopädie und Schule gar nicht erkannt.

Wie aber können dann „abweichende" Grammatikentwicklung (Kap. 3) und Sprachentwicklungsstörungen voneinander unterschieden werden, wenn die vertrauten diagnostischen Kriterien („klinische Marker"), wie die fehlerhafte Subjekt-Verb-Kongruenz, nicht-finite Verben in Zweitstellung und von den L1-Modellen abweichende Erwerbsschritte sowohl Kennzeichen von DLD als auch des kindlichen Zweitspracherwerbs sind?

In großen europäischen Verbundprojekten wurde diese Problematik aufgegriffen. Hier stellen wir uns die Frage, wie Testverfahren konzipiert sein müssen, damit mehrsprachige Kinder mit DLD von mehrsprachigen Kindern ohne DLD sicher unterschieden werden können?

Unter anderem sind sechs Überlegungen handlungsleitend:

- Aufgrund des heterogenen Störungsbildes von DLD müssen mehrere Testverfahren entwickelt werden, die verschiedene Sprachbereiche und verschiedene Aspekte der Ausprägungen von DLD testen.
- Die Erwerbsbedingungen beeinflussen den Erwerbsverlauf und die Ergebnisse zum Testzeitpunkt. Daher soll bei jeder Diagnostik von DLD ein Fragebogen für ein Elterngespräch eingesetzt werden.
- Die Testverfahren sollen in der Lage sein, in der gesellschaftlichen Mehrheitssprache (Deutsch) sicher zwischen DLD und typischem Erwerb differenzieren zu können. So können die Hürden in der Diagnostik der L1 und der Heritage Languages umgangen werden.
- Die Testverfahren sollen Kinder unterschiedlicher Heritage Languages nicht benachteiligen (also z.B. für Kinder mit Portugiesisch als Erstsprache funktionieren, aber Kinder mit Türkisch als L1 aufgrund möglicher Transferphänomene schlechter erkennen).
- Die Testverfahren sollen möglichst kulturell unabhängig sein.
- Die Testverfahren sollten unempfindlich sein gegenüber sozial bedingter Ungleichheit, d.h. Kinder aus Familien mit einem niedrigen sozio-ökonomischen Status dürfen durch den Test nicht benachteiligt werden (z.B. durch die Wahl des Wortschatzes für Testsätze).

Mit den Language Impairment Testing in Multilingual Setting (LITMUS)-Verfahren wurden solche Erhebungsinstrumente konzipiert und mit größeren Gruppen simultan- und sukzessiv-bilingualer Kinder im Alter zwischen ca. 4 und 11 Jahren evaluiert (Überblick in Armon-Lotem et al. 2015; Armon-Lotem/Grohmann 2021). Bevor diese Testverfahren Teil einer Testbatterie für die Diagnostik von DLD werden können, müssen noch weitere Studien folgen. Auch bedarf es noch umfangreicher psycholinguistischer Kenntnisse, um einzelne Verfahren auszuwerten. Zukünftige Entwicklungen zielen daher auf die Nutzbarmachung für die pädagogische Praxis.

Der Elternfragebogen PaBiQ (Tuller 2015) wurde für das Deutsche adaptiert. Drei der Testverfahren für das Deutsche sind geeignet, mehrsprachige Kinder mit DLD von jenen ohne DLD zu unterscheiden: Ein Verfahren zum Nachsprechen von Sätzen (LITMUS-SRT, Hamann et al. 2013), eines zum Nachsprechen von Kunstwörtern (LITMUS-QU-NWRT, Grimm et al. 2014) und ein Verfahren zur Bewertung von Erzählfähigkeiten (LITMUS-MAIN, Gagarina et al. 2012; 2019). Alle Verfahren liegen in verschiedenen Sprachen vor und werden auch in den Heritage Languages der an den Studien teilnehmenden Kinder (z.B. syrisches, palästinensisches oder libanesisches Arabisch, Portugiesisch, Türkisch) durchgeführt, erprobt und weiterentwickelt.

In unserer Version eines Fragebogens für ein Elterninterview (Questionnaire for Parents of Bilingual Children, PaBiQ; Tuller 2015) orientieren wir uns am etablierten Procedere für monolinguale Kinder mit DLD. Es werden auch generelle Hintergrundinformationen (erste Wörter/erste Sätze in allen Sprachen, Quantität und Qualität des Inputs) abgefragt, aber ein Schwerpunkt liegt auf der systematischen Erhebung der (früheren und aktuellen) Sprachgebrauchsbedingungen zur Ermittlung von Risikofaktoren für den Spracherwerb. Ein Vorteil dieses speziellen leitfragengestützten Interviews ist die Möglichkeit, aus den Informationen über Inputquantität und -qualität einen *Dominance Index* errechnen zu lassen.

TIPP

Da externe wie interne Erwerbsfaktoren dazu führen, dass sich die Sprachen nicht parallel entwickeln, spielt die Sprachdominanz zum Testzeitpunkt eine wichtige Rolle für die Interpretation von Testergebnissen (Kap. 2.2) und sollte daher regelmäßig evaluiert werden. Lehrkräfte, SprachtherapeutInnen und andere PraktikerInnen können unter https://www.q-bex.org/ Informationen und die elektronischen Versionen der Elternfragebögen abrufen.

Tests zum Nachsprechen von Sätzen und von Nichtwörtern haben in der Diagnostik von Spracherwerbsstörungen bei monolingualen Kindern eine lange Tradition. Sie finden sich in vielen etablierten Testverfahren für einsprachige Kinder, wie z. B. *Heidelberger Auditives Screening in der Einschulungsuntersuchung, HASE* (Schöler/Brunner 2008) oder dem Sprachentwicklungstest für drei- bis fünfjährige Kinder (Grimm et al. 2015), in der Praxis wieder.

In den Projekten BiLaD (Hamann et al. 2013-2016) und BiliSAT (Chilla/Hamann 2017-2020) konnten wir auf Basis eines differenzierten Forschungsdesigns einen *Test zum Nachsprechen von Kunstwörtern* nutzen (QU-NWRT; Grimm et al. 2014), der Rückschlüsse auf die phonologischen Fähigkeiten bilingualer Kinder erlaubt. Weiter wurde ein *Test zum Nachsprechen von Sätzen für das Deutsche* (LITMUS sentence repetition task, SRT) entwickelt und evaluiert, der die morphosyntaktische Ebene, und zwar insbesondere komplexe Sätze und Strukturen, überprüft (Hamann et al. 2013).

Beide LITMUS-Testverfahren für die deutsche Lautsprache von mehrsprachigen Kindern, die Türkisch, Portugiesisch und arabische Varietäten als L1 sprechen, zeigen exzellente diagnostische Sensitivität und Spezifizität (u. a. Abed Ibrahim/Fekete 2019; Hamann et al. 2020). Dies bedeutet: Die Ergebnisse mit mittlerweile über 100 mehrsprachigen Kindern mit und ohne DLD belegen, dass die beiden Tests wichtige diagnostische Teilbereiche untersuchen und Kinder mit und ohne DLD in ihrer Zweitsprache Deutsch unterscheiden können. Denn die spezielle Konstruktion der Testsätze und die Testitems messen nicht einfach Arbeitsgedächtnisleistungen (*verbal short term memory/ verbal working memory*), sondern orientieren sich an den grammatischen Strukturen, die für Kinder mit DLD schwierig sind. Der Satz 37a kann von vielen, aber nicht allen Kindern mit DLD korrekt nachgesprochen werden. Subjektrelativsätze (Beispiel 37b) werden von den meisten Kindern mit DLD – auch in anderen Sprachen als Deutsch – nur schwer verstanden und können meist auch nicht fehlerfrei nachgesprochen werden. Mehrsprachige Kinder ohne DLD haben mit beiden Sätzen nur sehr selten Schwierigkeiten, und zwar vor allem dann, wenn sie weniger als 24 Monate Kontakt mit dem Deutschen hatten.

BEISPIEL

Beispiel 37

Sätze aus dem LITMUS-SRT (Hamann et al. 2013)

a Die Köchin hat den Cowboy geweckt. (Satzklammer)

b Ich sehe den König, der den Clown umarmt. (Subjektrelativsatz)

Dies ist wichtig, weil für Kinder mit DLD bekannt ist, dass es ihnen schwerer fällt, komplexe Sätze zu behalten und korrekt nachzusprechen, wenn diese einfach nur viele Satzelemente enthalten und daher mehr Information im Arbeitsgedächtnis gehalten werden muss. Mit diesem LITMUS-SRT werden dagegen gezielt Charakteristika der grammatischen DLD überprüft. Und tatsächlich ist es die Art und Weise, wie im LITMUS-SRT syntaktische Komplexität getestet wird, die dazu beiträgt, dass mehrsprachige Kinder mit und ohne DLD korrekt diagnostiziert werden können (Zebib et al. 2019). Dies gilt vor allem für ein- und mehrsprachige Kinder mit grammatischer DLD.

Ein weiterer Sprachbereich, der sich für die Unterscheidung von DLD und Mehrsprachigkeit eignet, ist die Erhebung narrativer Fähigkeiten, wie sie mit dem LITMUS-MAIN (Gagarina et al. 2012; 2019) ermittelt werden können.

Das MAIN-Verfahren wie auch die MAIN Bildergeschichten können unter https://www.leibniz-zas.de/index.php?id=964 eingesehen und unter Berücksichtigung der dortigen Leitlinien genutzt werden.

Übung 14

Bitte lesen Sie sich die beiden Erzählungen von Emre (E) und Gizem (G) im Alter von ca. 6 Jahren durch, die zu den LITMUS-MAIN- Bildern „Vom Hund und dem Jungen" eine Geschichte erzählen. Die Interviewpartnerin (I) sitzt mit ihnen am Tisch und führt das LITMUS-MAIN Verfahren durch.

BEISPIEL

Beispiel 38

Emre

(I): „Okay, dann gucken wir immer nur zwei Bilder auf einmal an. Und dann schieß mal los. Was passiert da?"
(E): „den hund will den maus fangen."
(I): „Mhmh. Und passiert da noch mehr?
(E): „ja. den hund hat den schon fast gefangen. den junge kommt."
(I): „Kannst du mir erzählen, was da passiert?"
(E): „den ballon ist in den baum gehängt. der tüte ist auf dem boden. der hund [/] der hund schläf(t) [//] sitzt. den hund hat ein(e) beule gekriegt."
(I): „Echt?"
(E): „ja."

(I): „Okay, dann erzähl mir mal, was auf den letzten beiden Bildern passiert."
(E): „der hat den ballon gefang(en). den hund esst fleis(ch).
(I): „Und, was meinst du, warum springt der hund hier nach vorne?"
(E): „weil er will der maus fang(en). hier hat der hund ein(e) beule gekriegt."
(I): „Und warum springt der Junge hier nach oben?
(E): „weil der will den ballon fang(en)."

Gizem
(I): „Erzähl mir die beste Geschichte."
(G): „hund schaut die maus. der hund esst die maus. die papa, was ist die maus gesagt. papa möchte die ballons. die papa hat die ballon. der papa spielt die ball."
(I): „Ich hab noch ein paar Fragen. Warum springt der Hund denn hier nach vorne?"
(G): „weil die guckt."
(I): „Und warum springt der Junge hier nach oben?"
(G): „weil die ballons spiel(en) möchte."

Übung 15

Bei Narrativen wird u.a. nach der Erzählstruktur und nach der Komplexität der Geschichte bewertet. So regt das Bildmaterial dazu an, ein Ziel (Goal), also einen Hinweis auf eine zielgerichtete Planung zu verbalisieren. Auch sind der Versuch (Attempt), also eine oder mehrere Aussagen zur Zielerreichung und die Verbalisierung des (erfolgreichen oder nicht erfolgreichen) Ergebnisses (Outcome), das dem Versuch folgt, Teil einer gelungenen Geschichte. Bitte versuchen Sie, zu bewerten, ob und wie in beiden Geschichten Goal, Attempt und Outcome passend geäußert werden. Könnte bei Emre oder Gizem DLD vorliegen?

Aktuelle Studien mit monolingual deutschsprachigen Vorschulkindern (Skerra et al. 2013; Skerra 2017) weisen darauf hin, dass Erzählfähigkeiten und nicht altersgerechte Grammatikentwicklung zusammenhängen. So konnte Skerra (2013, 140) beispielsweise zeigen, dass Kinder mit DLD Schwierigkeiten in der

Produktion von verknüpften Elementen einer Episode haben (*Die Katze will den Schmetterling. Sie springt da. Der Schmetterling ist weg.*). Detailvergleiche von MAIN Erzählungen und Nacherzählungen in verschiedenen bilingualen Kontexten und mit verschiedenen mehrsprachigen Kindern mit und ohne DLD weisen es als ein vielversprechendes Instrument zur Erfassung von Erzählfähigkeiten von mehrsprachigen Kindern aus (Überblick in Gagarina 2021).

4.3.1 Interdisziplinäre Diagnostik von Spracherwerbsstörungen bei Mehrsprachigkeit

Die Bedingungen, unter denen ein Kind mehrsprachig wird, sind für den Spracheneerwerb elementar. Sie zeigen auch: kein Verfahren kann für sich alleine die heterogenen Ausprägungen von DLD erfassen. Daher muss der diagnostische Prozess interdisziplinär ausgerichtet sein. Nur unter Zuhilfenahme aller Informationen, die einen Einblick in die Entwicklung und die aktuelle sprachliche Handlungsfähigkeit des mehrsprachigen Kindes erlauben, wie Gutachten von ÄrztInnen, PsychologInnen, SprachtherapeutInnen, den ExpertInnen der Einrichtung und Informationen aus dem Elterngespräch, kann eine Entscheidung über das Vorliegen einer Spracherwerbsstörung getroffen werden. Diese Schritte unterscheiden sich nicht wesentlich von dem Vorgehen bei monolingualen Kindern. Doch wo bei einsprachigen Kindern auf normierte und/oder standardisierte Testverfahren zur Verifizierung des Verdachtes auf Vorliegen einer Spracherwerbsstörung oder zur Ergänzung fehlender Informationen zurückgegriffen werden kann, werden praxistaugliche sprachwissenschaftlich fundierte Verfahren für mehrsprachig aufwachsende Kinder in Deutschland erst entwickelt.

Am Beispiel der Spezifischen Sprachentwicklungsstörung (DLD) bei türkisch-deutschen Kindern (Kap. 3) soll im Folgenden erläutert werden, wie der diagnostische Prozess bei mehrsprachigen Kindern gestaltet werden kann.

Ein sprachpädagogisch motiviertes diagnostisches Vorgehen bündelt möglichst viele Informationen über die kindliche Entwicklung und die Bedürfnisse des mehrsprachigen Individuums.

Zunächst ist zu prüfen, ob die Ausschlusskriterien für DLD erfüllt werden (Kap. 3). Es ist besonders wichtig, dass mögliche Hörstörungen HNO-ärztlich überprüft und dokumentiert werden. Können die Bedingungen, unter denen ein Kind mehrsprachig wird, nicht als Ursache für die Abweichungen im Erwerbsprozess ausgeschlossen werden, kann keine eindeutige Diagnose DLD gestellt werden. Weitere den Spracherwerb beeinflussende Faktoren, wie Hinweise auf soziale-emotionale und geistige Beeinträchtigung, sind ebenfalls interdisziplinär abzuklären.

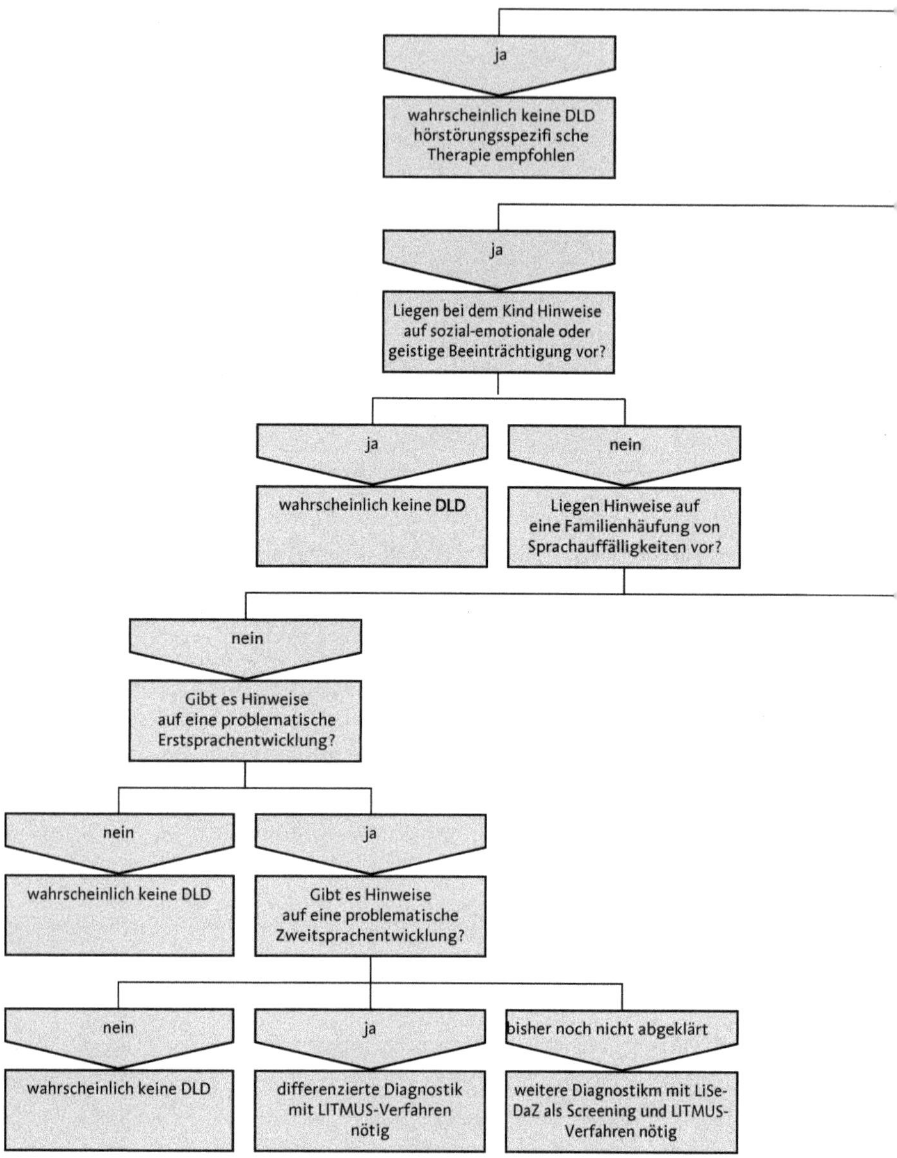
ja
wahrscheinlich keine DLD hörstörungsspezifi sche Therapie empfohlen
ja
Liegen bei dem Kind Hinweise auf sozial-emotionale oder geistige Beeinträchtigung vor?
ja
nein
wahrscheinlich keine DLD
Liegen Hinweise auf eine Familienhäufung von Sprachauffälligkeiten vor?
nein
Gibt es Hinweise auf eine problematische Erstsprachentwicklung?
nein
ja
wahrscheinlich keine DLD
Gibt es Hinweise auf eine problematische Zweitsprachentwicklung?
nein
ja
bisher noch nicht abgeklärt
wahrscheinlich keine DLD
differenzierte Diagnostik mit LITMUS-Verfahren nötig
weitere Diagnostikm mit LiSe-DaZ als Screening und LITMUS-Verfahren nötig

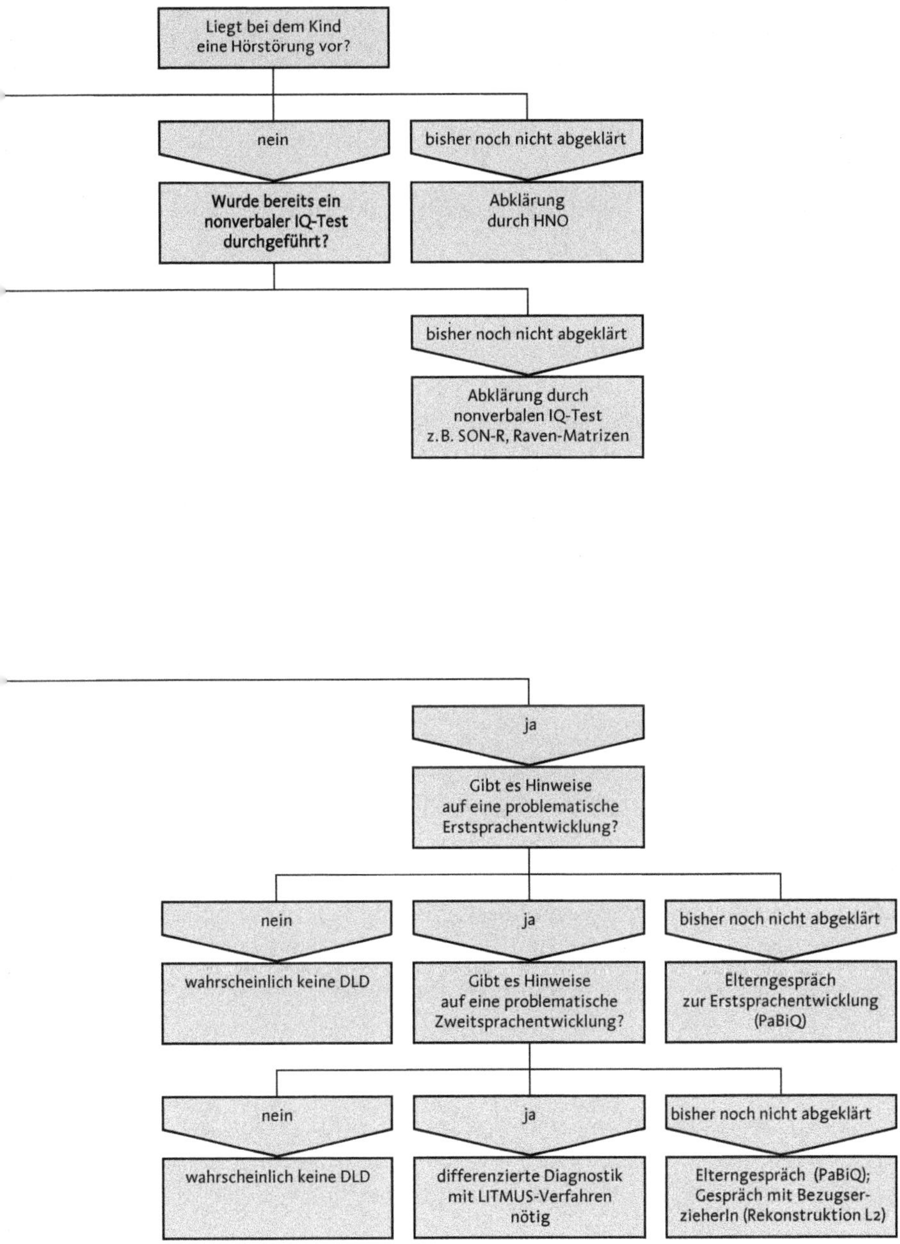

Abb. 4: Checkliste für das Vorgehen bei Verdacht auf Vorliegen von DLD bei mehrsprachig aufwachsenden Kindern

Auch wenn die aktuellen Forschungsergebnisse zu den LITMUS-Verfahren aussichtsreich sind, kann die Diagnose DLD auch weiterhin erst dann gestellt werden, wenn beide Sprachen von der Spracherwerbsstörung betroffen sind. Sofern nur der Erwerb des Deutschen oder nur der Erwerb der Erstsprache verzögert oder beeinträchtigt ist, handelt es sich nicht um DLD. Weder die Kombination unauffälliger Zweitspracherwerb – auffälliger Erstspracherwerb, noch unauffälliger Erstspracherwerb – auffälliger Zweitspracherwerb begründen eine DLD, da sie sich in beiden Sprachen zeigen muss. So wurden in den Projekten BiLaD (Hamann et al. 2013-2016) und BiliSAT (Chilla/Hamann 2017-2020) lebensweltlich zweisprachige simultan- und früh sukzessiv-bilinguale Kinder erst dann als „Verdacht auf DLD" eingestuft,

- wenn sie alle DLD-Ausschlusskriterien erfüllten
  und
- in standardisierten Sprachtests für die L1 und für die L2
- unter Berücksichtigung der Sprachdominanz zum Erhebungszeitpunkt
- in mindestens zwei Sprachbereichen in jeder ihrer Sprachen niedriger als -1,5 Standardabweichungen unter der Norm abschnitten.

Dem Alter zu Beginn des Erwerbs, der Kontaktdauer zu den Einzelsprachen und der Qualität und der Quantität des Inputs kommt hier eine herausragende Bedeutung zu, und dies gilt besonders für Heritage Language Kinder (Kap. 1.4 und Kap. 1.5)

Es ist möglich, dass ungünstige externe Erwerbsbedingungen dazu führen, dass Kinder sprachlich auffällig werden und unter Umständen neben sprachfördernden Maßnahmen ebenfalls logopädischer Unterstützung bedürfen. Die Erwerbsbedingungen allein sind aber per definitionem nicht die Ursache von DLD. Alle genannten Faktoren sind zunächst abzuklären. Mit der in Abbildung 5 vorgestellten Checkliste wird sichergestellt, dass das Vorgehen strukturiert gestaltet und keine wesentliche Information vergessen wird.

Sofern noch kein Elterngespräch und kein Gespräch mit der/dem BezugserzieherIn erfolgt sind, sind diese ebenso durchzuführen wie eine Analyse und Bewertung des Sprachstandes in allen Sprachen eines Kindes. Solange die Modellierung des Sprach- bzw. Grammatikerwerbs bei lebensweltlicher Zweisprachigkeit noch aussteht, sollte das sprachpädagogische Vorgehen stets beinhalten:

- ein Elterngespräch (möglichst mit den für den deutschsprachigen Kontext adaptierten Vorlagen des PaBiQ) mit Hintergrundinformationen zum Erwerbsalter, zur Erwerbsdauer und zum aktuellen Sprachgebrauch,
- bei passendem Alter des simultan und früh sukzessiv-bilingualen Kindes die Durchführung von LiSe-DaZ als erster Orientierung,
- eine Erhebung und Bewertung einer Spontansprachprobe, möglichst in allen Sprachen, die z. B. mithilfe des LITMUS-MAIN-Instrumentes auch die Erzählfähigkeit beinhaltet,
- eine Anamnese von DLD-Ausschlusskriterien (insbesondere von Hörbeeinträchtigungen),
- die Durchführung verfügbarer LITMUS-Instrumente für grammatische DLD (LITMUS-SRT, LITMUS-QU-NWRT).

Indem möglichst viele Informationsquellen genutzt werden, kann der Sprachstand eines mehrsprachigen Kindes erschlossen und können nächste Schritte des sprachpädagogischen Vorgehens formuliert werden.

Zusammenfassend ist zu berücksichtigen, dass die wenigsten PraktikerInnen in der Lange sind, umfassende Informationen über die Entwicklung in allen Sprachen eines Kindes zu erheben.

Bei jedem sprachdiagnostischen Vorgehen gilt es, die lebensweltlichen, sozialen und intraindividuellen Bedingungen der individuellen Sprachentwicklung zu ergründen. Es ist wichtig, sprachwissenschaftliche Erkenntnisse über den Mehrsprachenerwerb bzw. den Prozess des Erwerbs des Deutschen als Zweitsprache in die Konzeption des sprachdiagnostischen Vorgehens bei Verdacht auf eine Sprachentwicklungsstörung einfließen zu lassen. Die Forschungsergebnisse aus der Linguistik können erste Anhaltspunkte für eine adäquate Bezugsgrundlage für Fortschritte in der Entwicklung der Grammatik in der Zweitsprache Deutsch geben, sollten aber als vorläufig und unvollständig betrachtet werden (Kap. 1 und 3). Neben den im sprachpädagogischen Vorgehen genannten Aspekten ist es relevant, alle Hinweise auf Vorliegen einer Spracherwerbsstörung zu erheben.

Darüber hinaus sollte der kindliche Zweitspracherwerb auch weiter unter heterogenen Bedingungen erforscht werden, um Grenzen und Möglichkeiten der Modelle des Sprach- und Grammatikerwerbs weiter auszuloten. Daneben wäre es zu wünschen, dass die Ausprägungen von DLD in den Erstsprachen und Sprachvarietäten mehrsprachiger Heritage Language Kinder weiter in den Fokus genommen werden.

Übung 15

Mai-Ling ist sechs Jahre alt. Sie wächst zweisprachig auf: Familiensprache ist Mandarin, Umgebungssprache ist Deutsch. Mit drei Jahren ist sie in den Kindergarten gekommen, den sie ca. vier Stunden am Tag besucht hat. In der Sprachstandsmessung vor der Einschulung mit dem CITO-Test schneidet sie sehr schlecht ab. Auch in einem Test zum Nachsprechen von Sätzen fallen ihr die Aufgaben schwer. Die Bezugserzieherin hat ca. fünf Minuten Spontansprache (Deutsch) aufgenommen. Aus dem Transkript lässt sich erkennen, dass Mai-Ling kaum Kasusmarkierungen verwendet. Darüber hinaus ist die SVK häufig nicht korrekt. Der Kinderarzt diagnostiziert eine Spezifische Sprachentwicklungsstörung und verweist Mai-Ling zur weiteren Diagnostik an Sie. Wie gehen Sie vor, um die Diagnose des Kinderarztes zu bestätigen oder zu widerlegen? Welche weiteren Informationen benötigen Sie? Wo liegen die Grenzen ihrer diagnostischen Kompetenz?

5 Unterstützung von mehrsprachiger Entwicklung

Ein mehrsprachiges Kind mit einer Sprachentwicklungsstörung benötigt eine Sprachtherapie und die sollte sich, wenn irgend möglich, auf beide Sprachen des Kindes beziehen. Das Thema Sprachtherapie kann allerdings in diesem Buch nicht behandelt werden: Es ist zu spezifisch und umfangreich, und es setzt zu viel sprachtherapeutischen bzw. logopädischen Hintergrund voraus. Eine Zusammenstellung von Studien und praktischen Beispielen zur Intervention und Therapie bei Mehrsprachigkeit findet sich bei Chilla/Haberzettl (2014). Im Folgenden soll es um Unterstützung mehrsprachiger Entwicklung gehen und die hier formulierten und an Beispielen für die Umsetzung illustrierten Fördergrundsätze sind auch für eine Sprachtherapie mit mehrsprachigen Kindern von Bedeutung. Das Konzept der Unterstützung mehrsprachiger Entwicklung, das wir hier verfolgen, hat zwei Schwerpunkte (vgl. Chilla/Niebuhr-Siebert 2017; 2022). Einerseits geht es um den Erwerb des Deutschen. Mehrsprachige Kinder in Deutschland müssen sich im gesellschaftlichen Alltag zurechtfinden und im Bildungssystem bewähren. Unsere konsequent sprachpädagogische Perspektive geht mit Grosjean (1989) davon aus, dass ein mehr- bzw. zweisprachiges Kind nicht einfach nur die sprachliche und kulturelle Addition zweier Monolingualer ist.

Zentral ist folglich die Unterstützung der *mehrsprachigen* Entwicklung. Dabei geht es darum, die mehrsprachige Kompetenz an sich zu fördern und Kinder in ihrer Identitätsentwicklung als mehrsprachige Individuen zu unterstützen. Das beinhaltet die Wertschätzung der Erstsprache und eine Unterstützung in allen Sprachen des Kindes.

Der erste Schwerpunkt muss kaum näher erläutert werden, aber der zweite. Wir haben in den vorangegangenen Kapiteln gesehen, dass es weder so ist, dass der kindliche Zweitspracherwerb direkt von der Kompetenz in der Erstsprache abhängt, noch dass er dann am besten gelingt, wenn die erste Sprache „abgeschaltet“ wird. Es ist also für einen erfolgreichen Erwerb des Deutschen weder zwingend notwendig, die Erstsprache zu fördern, noch ist es sinnvoll oder gar notwendig, die Erstsprache zurückzudrängen.

Es gibt aber eine Reihe von Gründen, mehrsprachig aufwachsende Kinder in ihrer Entwicklung zu mehrsprachigen Individuen zu unterstützen. Dieser Thematik sind Sie schon an verschiedenen Stellen im Buch begegnet, und wir wollen hier nur zwei dieser Gründe hervorheben. Einer der Gründe ist die sprachliche und kulturelle Identität und Identitätsfindung dieser Kinder. Zu ihrer Identität gehören die Sprachen der Eltern genauso wie die Sprache der Gesellschaft, in die diese Kinder hineinwachsen. Eine starke Persönlichkeit ist eine, die sich für eine Kultur und Sprache entscheiden kann, genauso wie eine, die sich als mehreren Kulturen und Sprachen zugehörig definieren kann. Die pädagogische Aufgabe sollte sein, Kinder auf diesem Weg so zu begleiten, dass sie diese Entscheidung selbst treffen können. Das gelingt nur, wenn sie in beiden Sprachen unterstützt werden und in beiden Sprachen und Kulturen kompetent sind. Der zweite Grund ist, dass mehrsprachige Kompetenz ein Bildungsziel und ein Bildungsvorteil ist. Die Europäische Kommission für Sprachenlernen und Sprachenvielfalt hat bereits im Jahr 2002 gefordert, dass alle Kinder neben ihrer Erstsprache zwei Fremdsprachen lernen sollen. Seltsamerweise wird das in Bezug auf sogenannte Migrantensprachen oft nicht so gesehen – weder im Hinblick auf das Bildungsziel noch als Bildungsvorteil. Es wird einfach übersehen, dass Kinder, die mit einer anderen Erstsprache als Deutsch in die Kita kommen, bereits einen wesentlichen Schritt in diese Richtung gehen, wenn sie Deutsch als zweite Sprache dazulernen. Diese Kinder haben die Chance und das Potenzial, zwei Sprachen zu erwerben und dann in der Schule noch eine oder zwei Fremdsprachen dazu. Anstatt dies als Vorteil zu sehen und die Kompetenzen in beiden Sprachen zu fördern, wird diese Form der Mehrsprachigkeit als Problem wahrgenommen.

Eine ganz praktische Frage in diesem Zusammenhang ist: Wie sollen einsprachige pädagogische Fachkräfte Kinder in der Entwicklung ihrer Mehrsprachigkeit unterstützen? Darauf werden wir später zurückkommen. Betrachten wir zunächst einmal die Fördergrundsätze, die sich auf beide Schwerpunkte beziehen, also auf die Förderung des Deutschen und auf die Unterstützung der mehrsprachigen Entwicklung.

Die Ergebnisse zum kindlichen Erwerb einer zweiten Sprache und die Beobachtungen zum Sprachgebrauch bei mehrsprachigen Menschen und auch bei mehrsprachigen Kindern in der Entwicklung bilden den Hintergrund für diese Fördergrundsätze – von denen die meisten auch für die Unterstützung des Spracherwerbs einsprachiger Kinder gelten. Der oberste Grundsatz sollte heißen: Bevor eine sprachliche Unterstützung für ein Kind oder eine Gruppe von Kindern einsetzt, muss sowohl der Hintergrund für die Sprachentwicklung erhoben als auch der aktuelle Sprachstand ermittelt werden. Nur wenn wir wissen, unter welchen familiären, sozialen und individuellen Bedingungen ein Kind seine Sprachen erwirbt, können wir entscheiden, wie eine sprachliche Förderung für dieses Kind aussehen kann. Und nur wenn wir wissen, von welchem Entwicklungsstand wir ausgehen, können wir das sprachliche Angebot passend für das Kind gestalten. Beide Aspekte, Erhebung des Erwerbshintergrunds und Erhebung des aktuellen Sprachstandes, müssen weiter ausdifferenziert werden. Welche Aspekte relevant sind und wie diese Informationen erhoben werden, wird im Diagnostikkapitel ausgeführt (Kap. 4).

> **!**
> Grundsatz 1
> **Bevor eine gezielte Förderung ansetzt, müssen für jedes Kind der Erwerbshintergrund und der aktuelle Sprachstand ermittelt werden.**

> **!**
> Grundsatz 2
> **Die Unterstützung mehrsprachiger Entwicklung sollte zielorientiert gestaltet sein. Die gleichzeitige Verfolgung verschiedener Ziele ist möglich.**

Eine pädagogische Förderung muss sich sowohl an einem Ziel orientieren als auch auf ein pädagogisches Grundverständnis oder eine pädagogische Haltung Bezug nehmen. Fangen wir mit dem Ziel an. Man kann nicht „ins Blaue hinein" fördern. Wenn dem ersten Grundsatz folgend die Ausgangslage beschrieben ist, dann können daraus Ziele für die Unterstützung des Sprachenerwerbs abgeleitet werden.

Das oberste Ziel sollte sein, die sprachliche Entwicklung eines Kindes und seine sprachliche Handlungsfähigkeit optimal zu unterstützen. Dieser Satz wirkt trivial – die Trivialität verliert sich aber sofort, wenn wir danach fragen, wie das geschehen soll. Wie können die sprachliche Entwicklung eines Kindes und seine sprachliche Handlungsfähigkeit optimal gefördert werden? Welche sprachlichen und nicht-sprachlichen Aspekte sind wichtig? Wie fassen verschiedene sprachliche und nicht-sprachliche Bereiche ineinander? Wie interagieren sprachliche Bereiche wie Wortschatz und Grammatik miteinander? Wie gestaltet man eine sprachförderliche Situation? Die folgenden Grundsätze sollen zur Klärung dieser und weiterer Fragen hilfreich sein. Schauen wir zunächst, wie sich Ziele genauer bestimmen lassen.

> **Grundsatz 3**
> **Die Ermittlung der sprachlichen Ziele orientiert sich am aktuellen Sprachentwicklungsstand des Kindes und dem wissenschaftlichen Kenntnisstand über die Erwerbsschritte im Spracherwerb. Die sprachlichen Ziele sind als die nächsten Schritte in der Sprachentwicklungslogik zu definieren.**

Hier wird nochmals deutlich, wie wichtig es ist, den Entwicklungsstand im Blick zu haben. Damit lassen sich nächste Schritte bestimmen. Ein Kind, das auf dem Weg ist, die Verbklammer im Deutschen zu etablieren, muss gerade in dieser Hinsicht unterstützt werden, und als sprachliches Förderziel wird der Erwerb der Verbklammer und der entsprechenden Strukturen wie Modalverbkonstruktion und Perfekt formuliert. Die Ziele bestimmen auch die Auswahl passender Programme. Diese Programme wiederum sollten evidenzbasiert und effektiv sein (vgl. BiSS-Transfer 2021, Kap.4.1)

> **Grundsatz 4**
> **Die Umsetzung einer entwicklungsangemessenen Unterstützung sollte strukturzentriert erfolgen.**

In der Förderung profitiert das Kind von einem sprachlichen Angebot, in dem die angezielten Konstruktionen gehäuft vorkommen. Das bedeutet, dass das sprachliche Angebot strukturiert wird (Homburg 1991). Wenn wir bei dem Beispiel zum Grundsatz 3 bleiben: Das könnte beispielsweise in einem Spiel geschehen, in dem ein Märchen oder eine Geschichte nacherzählt wird – im Perfekt – und im zweiten Teil nun könnten die Kinder in der Gruppe überlegen, was die Figuren tun müssten, um den Verlauf der Geschichte zu ändern – hier kommen nun Modalverbkonstruktionen mit *müssen, sollen, wollen* ins Spiel. Gleichzeitig kann in diesem Rahmen am Wortschatz gearbeitet werden, wenn z.B. für alternative Handlungsoptionen der Hauptfigur neue Verben gebraucht werden. Wie also im Grundsatz 2 benannt, ist es auch möglich, an mehreren Förderzielen gleichzeitig zu arbeiten.

Grundsatz 5
Die praktische Umsetzung der Ziele sollte von einem Zutrauen in die Spracherwerbsfähigkeiten des Kindes getragen werden und aus diesem Grund Techniken der impliziten Vermittlung bevorzugen.

Der fünfte Grundsatz zielt darauf ab, dass Kinder in den ersten Lebensjahren über eine besondere Spracherwerbsfähigkeit verfügen, die den Erwerb mehrerer Sprachen ermöglicht. Eine Unterrichtung – wie später im Fremdsprachenunterricht – ist nicht notwendig. Eine besondere Rolle spielen Modellierungstechniken, die auch in der Sprachtherapie zum Einsatz kommen. Diese Modellierungstechniken orientieren sich an der Art, wie Eltern mit kleinen Kindern sprechen, und arbeiten diese Besonderheiten zu Strategien aus. Dazu gehört z.B. das korrigierende Wiederholen einer fehlerhaften kindlichen Äußerung. Sagt ein Kind „das dahin passt", dann kann die/der erwachsene GesprächspartnerIn diese Äußerungen korrekt zurückspiegeln „ja, das passt dahin".

Auch Erweiterungen und Umformulierungen der kindlichen Äußerungen gehören dazu: „das hier" wird erweitert zu „das kann man hierher legen, ja" oder „der Bär gräbt ein Loch" kann umformuliert werden zu „ein großes Loch gräbt der". Auf diese Weise erlebt das Kind Variation zu seinen eigenen Äußerungen, die es unterstützen, sein sprachliches System zu erweitern. Dieselben Strategien sind auf den Wortschatz anwendbar. Die Erweiterung durch modifizierende Adjektive, wie in „ein großes Loch gräbt der" gehört genauso dazu wie die bessere Alternative zu „das kann man hierher legen, ja" – nämlich „das Bild kann man dort oben hin legen, ja". Die Kinder nutzen solch ein Angebot, und zwar genau für die nächsten Erwerbsschritte, die für sie anstehen. Es sollte intuitiv einsichtig sein, dass neben einer grammatischen Strukturierung und lexikalischen Anreicherung des Sprachangebots auch eine deutliche und prägnante Aussprache den Erwerbsprozess unterstützen kann.

Grundsatz 6
Die sprachpädagogische Haltung der Fachkraft sollte die kommunikativen Bedürfnisse und den lebensweltlichen Hintergrund des Kindes berücksichtigen und das Kind als handelnde/n PartnerIn in der Interaktion achten.

Dieser Grundsatz beruft sich auf das theoretische Konzept der kooperativen Pädagogik in der Sprachpädagogik (Welling 2004; Kracht 2010). Es gehört zu den Aufgaben pädagogischer Fachkräfte, sowohl die sprachlichen Entwicklungspotenziale als auch die aktuelle sprachliche Handlungsfähigkeit des Kindes in der Arbeit mit dem Kind zu berücksichtigen. Die pädagogische Fachkraft gestaltet die Fördersituation so, dass biografie- und persönlichkeitsrelevante Aspekte zum Tragen kommen und u.a. die Auswahl der Themen mitbestimmen. Eine zentrale Voraussetzung für diesen Zugang ist eine wirksame personale Beziehung zwischen pädagogischer Fachkraft und Kind. Dieser Grundsatz betont, dass jede Gestaltung mehrsprachiger Lernräume in einem Handlungszusammenhang mit dem Kind stattfinden muss. Im Vordergrund steht das pädagogische Handeln, in das die sprachliche Förderung eingebettet werden muss.

! Grundsatz 7
Die pädagogische Haltung der Fachkraft sollte geprägt sein von einer positiven Einstellung zur mehrsprachigen Kompetenz des Kindes.

Grundsatz 7 ist eine Erweiterung des sechsten Grundsatzes, aber eben spezifisch ausgebaut für die mehrsprachige Situation. So sind alle Aktivitäten, die zu einer Begegnung mit und Auseinandersetzung über verschiedene Sprachen und Kulturen führen und dabei die jeweils von den Kindern mit eingebrachten Fähigkeiten und Besonderheiten berücksichtigen, Ausdruck einer positiven Einstellung zur mehrsprachigen Kompetenz eines Kindes. Diese Einstellung bedeutet, dass diese Kinder als ExpertInnen angesehen werden, als ExpertInnen für ihre Erstsprache(n) und als ExpertInnen für Mehrsprachigkeit. Ihre Kompetenz kann im (Kita-)Alltag in vielfacher Weise gewürdigt und genutzt werden. Die Auseinandersetzung mit der Verfügbarkeit verschiedener Sprachen ermöglicht in der Gruppe einen besonderen Zugang zu metasprachlichem Umgang mit Sprache. Dies wiederum kann sich auf lautliche, lexikalische oder auch kulturelle Unterschiede und Besonderheiten beziehen. Diese Art der Beschäftigung mit Sprache führt dazu, dass Kinder früh Sprache als Gegenstand der Betrachtung wahrnehmen, und das ist ein wichtiger Vorläufer für den Erwerb der Schriftsprache.

Grundsatz 8
Eine optimale Unterstützung mehrsprachiger Entwicklung berücksichtigt alle Sprachen, die ein Kind lernt.

Aus diesem Grundsatz folgt unmittelbar, dass eine optimale Förderung auch die Erstsprache berücksichtigt. Hier werden oft die Grenzen der praktischen Umsetzbarkeit erreicht. In der Regel sind keine oder nur wenige ErzieherInnen in einer Einrichtung mehrsprachig, und in vielen Kitas geht es nicht um eine andere Erstsprache, sondern um ein buntes Sprachenspektrum. Wie also sollen die Erstsprachen gefördert werden? Hier können beispielsweise Eltern und andere Angehörige einbezogen werden. Es geht darum, dass besonders solche sprachlichen Aktivitäten angeboten werden, die zu einer Erweiterung des Wortschatzes in der Erstsprache führen – und zwar möglichst auf Situationen bezogen, die im häuslichen Alltag der Kinder eher keine Rolle spielen. Genauso wichtig ist es, schriftsprachliche Erfahrungen zu vermitteln – beispielsweise durch „VorlesepatInnen“ für verschiedene Sprachen.

Die hier formulierten Fördergrundsätze finden sich in ähnlicher Schwerpunktsetzung auch in anderen Arbeiten zu Mehrsprachigkeit bei Kindern, teilweise vergleichbar explizit, teilweise auch eher implizit. Das gilt insbesondere für Tracy (2007), Kaltenbacher/Klages (2006) und Montanari (2002). Ausführlich wird das Konzept der konsequent mehrsprachigen Bildung in der Kita in Chilla/Niebuhr-Siebert (2017; 2022) erläutert. Ganz wichtig ist in diesem Zusammenhang, dass pädagogische Fachkräfte entsprechende Kompetenzen erwerben müssen. Dazu gehört Anleitung und Übung und zusätzlich ein gehöriges Maß an Wissen über Sprache und eben „kindliche Mehrsprachigkeit“.

6 Lösungshilfen

Übung 1: Nutzen Sie dazu das Modell der Topologischen Felder (Kap. 1.1). Besonderheit: Simone kommt aus dem süddeutschen Raum, daher ist das Infinitiv -en auf den Schwa-Laut reduziert.
Übung 2: Beginnen Sie mit den Gebärden, die Alltagsgesten ähneln. Können Sie z. B. „winken" erkennen? Wie zeigt sich „wütend" auch in der Mimik der DGS-Sprechenden? Erkennen Sie einen Unterschied zwischen der Gebärde für „du" und der Gebärde für „dir"? Die Wortstellungstypologie klassifiziert Sprachen nach der Stellung von Subjekt, Verb und Objekt im Satz. Sie beruht auf syntaktischen Kriterien. Nutzen Sie eine Suchmaschine (Wikipedia o. Ä.), um sich über die OV/VO-Stellung zu informieren. Schreiben Sie sich die verschiedenen Möglichkeiten der Ordnung von S-V-O auf. Ermitteln Sie dann die zugrundeliegende Struktur des Deutschen und vergleichen Sie dann mit der DGS.
Übung 3: Um uns neue Wörter zu erschließen, greifen wir u. a. auf phonologisches bootstrapping (fängt mit dem gleichen Laut an) und semantisches bootstrapping (wir wissen, dass es ein Verb sein muss), zurück. Wir nutzen die Wörter, die uns im Wortschatz zur Vefügung stehen, um die Geschichte zu erzählen. Notieren Sie die Wörter, die Yusuf und Furkan gemeint haben könnten und vergleichen Sie mit den Äußerungen.
Übung 4: Nutzen Sie dazu eine Grammatik des Deutschen (z. B. die Dudengrammatik) und schauen Sie sich die Kapitel zur Flexion (Konjugation) von Verben an.
Übung 5: Nutzen Sie dazu das Modell der Topologischen Felder (Kap. 1.1). Beziehen Sie Ihr Ergebnis auf die Entwicklungsstufen für den Zweitspracherwerb.
Übung 6: Lassen Sie die verschiedenen Typen von Sprachmischungen noch einmal Revue passieren, indem Sie sich eine Tabelle mit den verschiedenen im Kapitel 2 definierten Typen erstellen. Ordnen Sie dann die entsprechenden Textstellen den jeweiligen Typen zu.
Übung 7: Notieren Sie sich die Charakteristika der drei Modi aus dem Text. Bestimmen Sie den Modus anhand der Kriterien. Wenn Sie das sprachförderliche Verhalten bewerten, orientieren Sie sich an den Fördergrundsätzen in Kapitel 5.
Übung 8: Berücksichtigen Sie sämtliche Informationen, die Sie über die familiäre Sprachgebrauchssituation erhalten haben. Wichtig ist besonders, dass Sie sich vorstellen, wie in der Familie kommuniziert wird. Wie viel Deutsch kann der Vater sprechen? Welche Auswirkungen hat der bewusste Verzicht auf die

Erstsprache beider Eltern in der Kommunikation mit dem Sohn? Berücksichtigen Sie auch Ihr Wissen über den Spracherwerb und die Einflussfaktoren auf den Spracherwerb aus Kapitel 1.

Übung 9: Informieren Sie sich mit Hilfe des Kapitels 1 noch einmal über den Spracherwerb. Wenn Sie Schwierigkeiten haben, Charakteristika der einzelnen Sprachbereiche zu entschlüsseln, nutzen Sie weiterführende Literatur oder eine Suchmaschine im Internet. Orientieren Sie sich am Phasenmodell nach Clahsen. Entwerfen Sie eine Tabelle, in der Sie die Charakteristika der einzelnen Phasen in einer Spalte festhalten, und sortieren Sie dann die einzelnen vom Kind geäußerten Sätze dort ein. Bewerten Sie dann, ob die Entwicklung den Phasen folgt oder von ihnen abweichend verläuft.

Übung 10: Legen Sie einfach beide Tabellen nebeneinander. Streichen Sie diejenigen Phoneme aus, die in beiden Sprachen vorkommen. Sprechen Sie sich die Phoneme vor, die nur in einer der beiden Sprachen vorkommen. Wenn Ihnen phonologische Prozesse nicht geläufig sind, helfen Sie sich mit Literatur, z. B. dem „Logopädischen Handlexikon“ von Ulrike Franke oder dem Buch „Aussprachestörungen bei Kindern“ von Annette Fox. Überlegen Sie dann, bei welchen Wörtern eine fehlerhafte Aussprache der Phoneme, in denen sich die beiden Sprachen unterscheiden, zu Verständigungsproblemen führen könnte.

Übung 11: Nutzen Sie die Beispiele zum Zweitspracherwerb Erwachsener und die von monolingualen Kindern genannten Charakteristika des Sprachgebrauchs in Kapitel 3 und stellen Sie diese nebeneinander. Was wissen Sie von beiden Gruppen

- über den Erwerb von Subjekt-Verb-Kongruenz?
- über den Gebrauch von Infinitiven?
- über den Satzbau?
- über Kasus und Artikelgebrauch?
- über die Komplexität von Sätzen?

Übung 12: Achten Sie besonders auf die DLD-spezifischen Charakteristika, die Sie im vorangegangenen Kapitel und in Aufgabe 11 bearbeitet haben. Vergleichen Sie die Länge der Äußerungen, die Art der Abweichungen von der Zielsprache und die Fehlerrate.

Übung 13: Nutzen Sie Ihr Wissen darüber, was ein Verfahren optimalerweise enthalten sollte. Entwerfen Sie eine Tabelle, in der Sie die Verfahren anhand der Kriterien systematisch vergleichen. Die meisten Hinweise finden Sie in der Handanweisung / in der Handreichung, einige Aspekte erschließen sich aber auch nur implizit. Sprachliche Bereiche erschließen sich z. B. durch die Art der

Fragen (Sollen Geschichten erzählt werden? Werden Präpositionen getestet? usw.).

Übung 14: Informieren Sie sich über die Diagnostik von Erzählfähigkeiten bei Kindern. Die Kombination der Kernbestandteile einer Geschichte (Ziel, Versuch, Ergebnis) repräsentiert die Makrostruktur. So können Aussagen zur Komplexität einer Erzählung getroffen werden. Schauen Sie nach Verben (versuchen, springen, wollen), Begründungen (Weil er die Tüte mit Wurst haben wollte. Weil der Ballon im Baum hing.) und nach dem Schluss der Erzählung (Er fraß die Wurst.).

Übung 15: Nutzen Sie systematisch das Verlaufsdiagramm aus und die Fragebögen. Haken Sie ab, welche Informationen Sie schon haben, und notieren Sie sich, wo Sie noch weiteren Informationsbedarf haben. Wen können Sie über die genannten Personen hinaus zur (Sprach-)Entwicklung befragen? Welche sprachlichen Kompetenzen werden durch den CITO-Test erfasst? Tragen Sie die Ergebnisse in einer Soll/Haben-Liste zusammen und begründen Sie, welche drei Aspekte auf der Soll-Seite am dringlichsten zu klären sind, um tatsächlich von einer DLD bei Mehrsprachigkeit ausgehen zu können.

Literatur

Abed Ibrahim, L., Fekete, I. (2019): What Machine Learning Can Tell Us about the Role of Language Dominance in the Diagnostic Accuracy of German LITMUS Non-word and Sentence Repetition Tasks. Frontiers in Psychology 9, 27–57

Acarlar, F., Johnston, J. R. (2011): Acquisition of Turkish Grammatical Morphology by Children with Developmental Disorders. Journal for Communication Disorders, 46(5), 728–738

Aksu-Koç, A. (1997): Verb Inflections in Turkish. A Preliminary Analysis of the Early Stage. Verlag der österreichischen Akademie der Wissenschaften, Wien, 127–139

Aksu-Koç, A., Slobin, D.I. (1985): The Acquisition of Turkish. In: Slobin, D.I. (Hrsg.): The Cross-Linguistic Study of Child Language. Erlbaum, Mahwah, 839–877

American Speech-Language-Hearing Association (ASHA) (Hrsg.) (2016): Research Symposium at the ASHA Convention. Advances in Auditory Attention Research: Processing Complex Auditory Stimuli. Philadelphia, Pennsylvania

Anderson, J. A. E., Hawrylewicz, K., Grundy, J. G., (2020): Does Bilingualism Protect against Dementia? A Meta-analysis. In: Psychon Bull Rev 27 (5), 952–965

Archila-Suerte, P., Zevin, J., Bunta, F., Hernandez, A. E. (2012): Age of Acquisition and Proficiency in a Second Language Independently Influence the Perception of Non-native Speech. In: Bilingualism 15 (1), 190–201

Armon-Lotem, S., Grohmann, K. (Hrsg.) (2021): LITMUS in Action: Comparative Studies across Europe, TILAR. Amsterdam: Benjamins

Armon-Lotem, S., de Jong, J., Meir, N. (Hrsg.) (2015): Assessing Multilingual Children: Disentangling Bilingualism from Language Impairment. Bristol

Armon-Lotem, S., Walters, J., Gagarina, N. (2011): Internal and External Factors in Child Second Language Acquisition. In: Epistemological Issue with Keynote Article "A Formalist Perspective on Language Acquisition" by Charles Yang 1 (3), 291–317

Armon-Lotem, S., Ohana, O. (2017): A CDI Study of Bilingual English-Hebrew Children – Frequency of Exposure as a Major Source of Variation. In: International Journal of Bilingual Education and Bilingualism 20 (2), 201–217

Asbrock, D., Ferguson, C., Hoheiser-Thiel, N. (2011): Sprachdiagnostik bei mehrsprachigen Vorschulkindern – ein Praxisleitfaden. Prolog, Birsfelden

Autorengruppe Bildungsberichterstattung (Hrsg.) (2020): Bildung in Deutschland 2020. Ein indikatorengestützter Bericht mit einer Analyse zu Bildung in einer digitalisierten Welt. wbv, Bielefeld

Autorengruppe Bildungsberichterstattung (Hrsg.) (2012): Bildung in Deutschland 2012. Ein indikatorengestützter Bericht mit einer Analyse zur kulturellen Bildung im Lebenslauf. W. Bertelsmann, Bielefeld

Babur, E., Rothweiler, M., Kroffke, S. (2007): Spezifische Sprachentwicklungsstörung in der Erstsprache Türkisch. Linguistische Berichte 212. 377–402

Backer, K. C., Bortfeld, H. (2021): Characterizing Bilingual Effects on Cognition: The Search for Meaningful Individual Differences. In: Brain Sciences 11 (1), 81

Backus, A. (2004): Turkish as an Immigrant Language in Europe. In: Bhatia, T.K., Ritchie, W.C. (Hrsg.): The Handbook of Bilingualism. Blackwell, Malden, 689–724

Backus, A., Demirçay, D., Sevinç, Y. (2013): Converging Evidence on Contact Effects on Second and Third Generation Immigrant Turkish. Babylon

Behörde für Schule und Berufsbildung (2020): BQ 12 Systemanalysen und Bildungsberichterstattung Hamburger Schulstatistik. Allgemeinbildende Schulen. Wie viel Prozent der Schülerinnen und Schüler haben einen Migrationshintergrund? In: https://www.hamburg.de/schuljahr-in-zahlen/4662018/sus-migrationshintergrund/ , 12.01.2021

Bernardini, P., Schlyter, S. (2004): Growing Syntactic Structure and Code-Mixing in the Weaker Language: The Ivy Hypothesis. Bilingualism: Language and Cognition 7, 49–69

Bialystok, E. (2017): The Bilingual Adaptation: How Minds Accommodate Experience. In: Psychological Bulletin 143 (3), 233–262

Bialystok, E., Craik, F. I. M., Freedman, M. (2007): Bilingualism as a Protection against the Onset of Symptoms of Dementia. In: Neuropsychologia 45 (2), 459–464

Bishop D. V. M., Snowling M. J., Thompson P. A., Greenhalgh T.; and the CATALISE-2 consortium. (2017): Phase 2 of CATALISE: a Multinational and Multidisciplinary Delphi Consensus Study of Problems with Language Development: Terminology. J Child Psychol Psychiatry. 58(10), 1068-1080

Bittner, D. (2000): Early Verb Development in One German-Speaking Child. In: Bittner, D., Dressler, W.U., Kilani-Schoch, M. (Hrsg.): First Verbs: On the Way to Mini-Paradigms. Volume 18 of ZAS Papers in Linguistics. ZAS, Berlin, 21–38

Bockmann, A.-K., Sachse, S., Buschmann, A. (2020): Sprachentwicklung im Überblick. In: Sachse, S., Bockmann, A.-K., Buschmann, A. (Hrsg.): Sprachentwicklung: Entwicklung – Diagnostik – Förderung im Kleinkind- und Vorschulalter. Berlin, Heidelberg: Springer Berlin Heidelberg, 3–44

Boeschoten, H. E. (2000): Convergence and Divergence in Migrant Turkish. In: Matheier, K. (Hrsg.): Dialect and Migration in a Changing Europe. Peter Lang, Hamburg, 145–154

Boeschoten, H. E. (1990): Acquisition of Turkish by Immigrant Children. A Multiple Case Study of Turkish Children in the Netherlands Aged 4 to 6. Harrassowitz, Wiesbaden

Bonfiglio, T. P. (2010): Mother Tongues and Nations. The Invention of the Native Speaker. New York, NY: DE GRUYTER MOUTON

Bosch, L., Ramon-Casas, M. (2014): First translation equivalents in bilingual toddlers' expressive vocabulary. In: International Journal of Behavioral Development 38 (4), 317–322

Bulut, N., Feldmeier, A. (2013): Lernabenteuer Sprachbewusstheit und Sprachvergleich. In: Feick, D., Pietzuch, A., Schramm, K. (Hrsg.): Alphabetisierung für Erwachsene. München: Goethe-Institut, 123–141

Byers-Heinlein, K., Burns, T. C., Werker, J. F. (2010): The Roots of Bilingualism in Newborns. In: Psychol Sci 21 (3), 343–348

Carey, S. (1978): The Child as Word Learner. In: Bresnan, J., Miller, G.A., Halle, M. (Hrsg.): Linguistic Theory and Psychological Reality. MIT Press, Cambridge MA, 264–293

Cenoz, J. (2013): The Influence of Bilingualism on Third Language Acquisition: Focus on Multilingualism. In: Lang. Teach. 46 (1), 71–86

Chilla, S. (2021): Assessment of Developmental Language Disorders in Bilinguals: Immigrant Turkish as a Bilectal Challenge in Germany. In: Saiegh-Haddad, E., Laks, L., McBride, C. (Hrsg.), Handbook of Literacy in Diglossia and Dialectal Contexts—Psycholinguistic and Educational Perspectives. New York: Springer (im Druck)

Chilla, S., Hamann, C., Prévost, P., Abed Ibrahim, L., Ferré, S., dos Santos, C., Zebib, R. & Tuller, L. (2021): The influence of different first languages on L2 LITMUS-SRT in French and German: a crosslinguistic approach. In: Armon-Lotem, S., Grohmann, K.K. (Eds.): LITMUS in Action: Cross-Comparison Studies across Europe. Trends in Language Acquisition Research, 228–269 https://doi.org/10.1075/tilar.29.08chi

Chilla, S. (2019): Exklusive oder inklusive Bildung durch Sprache? Sprachpädagogisches Handeln als Perspektive für gesellschaftliche Inklusion. In: Rödel, L., Simon, T. (Hrsg.): Inklusive Sprach(en)bildung. Ein interdisziplinärer Blick auf das Verhältnis von Inklusion und Sprachbildung. Bad Heilbrunn: Verlag Julius Klinkhardt (klinkhardt forschung. Interdisziplinäre Beiträge zur Inklusionsforschung), 122–131

Chilla, S. (2017): Sprachbeherrschung und Schulerfolg – Überlegungen zur Individualisierung der „Schlüsselkompetenz Sprache" im deutschen Schulsystem. In: Gercke, M., Opalinski, S., Thonagel, T. (Hrsg.): Inklusive Bildung und gesellschaftliche Exklusion: Zusammenhänge – Widersprüche – Konsequenzen. Wiesbaden, 123–136.

Chilla, S. (2015): Sprachbehindertenpädagogische Intervention bei mehrsprachigen Kindern und Jugendlichen. Praxis Sprache 2, 95–101

Chilla, S. (2008): Erstsprache, Zweitsprache, Spezifische Sprachentwicklungsstörung? Eine Untersuchung des Erwerbs der deutschen Hauptsatzstruktur durch sukzessiv-bilinguale Kinder mit türkischer Erstsprache. Dr. Kovac, Hamburg

Chilla, S., Babur, E. (2010): Specific Language Impairment in Turkish-German Successive Bilingual Children. Aspects of Assessment and Outcome. In: Topbas, S., Yavas, M. (Hrsg.): Communication Disorders in Turkish in Monolingual and Multilingual Settings. Multilingual Matters, Clevedon, 352–368

Chilla, S., Haberzettl, S. (Hrsg.) (2014): Handbuch Mehrsprachigkeit. Reihe Sprachentwicklung und Sprachentwicklungsstörungen, Band 4, hrsg. von J. Siegmüller & S. Ringmann. Elsevier, München

Chilla, S., Haberzettl, S., Wulff, N. (2013): Dummy Verbs in First and Second Language Acquisition in German. In: Blom, E., van Craats-Oosterwold E., Verhagen, J. (Hrsg.): Dummy Auxiliaries in First and Second Language Acquisition. Boston, Berlin: DE GRUYTER MOUTON (Studies on Language Acquisition, 49), 209–250

Chilla, S., Hamann, C. (2017–2020): BiliSAT: Bilinguale Sprachentwicklung von Kindern und Jugendlichen im Schulalter mit und ohne Sprachentwicklungsstörungen mit Arabisch und Türkisch als Erstsprachen. Forschungsprojekt, DFG CH 1112/4-1, HA 2335/6–1

Chilla, S., Hamann, C. (2018): Mehrsprachigkeit und umschriebene Sprachentwicklungsstörungen (USES): Methoden der Diagnostik in der Zweitsprache Deutsch. In: Sprache, Stimme, Gehör 42, 2, 78–81.

Chilla, S., Hamann, C., Prévost, P., Abed Ibrahim, L., Ferré, S., dos Santos, C., Zebib, R., Tuller, L. (2021): The Influence of Different First Languages on L2 LITMUS-SRT in French an German: A Crosslinguistic Approach. In: Armon-Lotem, S., Grohmann, K. K. (Hrsg.): LITMUS in Action: Cross-Comparison Studies across Europe. Trends in Language Acquisition Research, 228–269

Chilla, S., Hamann, C., Rothweiler, M. (2011): First Language Assessment and Home Language Survey. Preliminary Results from the NOWETAS Study. COST Action IS0804 Fifth MC & WGs Meeting 28.–30. November 2011, Malta

Chilla, S., Niebuhr-Siebert, S. (2017): Mehrsprachigkeit in der KiTa. Grundlagen – Konzepte – Bildung. Kohlhammer, Stuttgart

Chilla, S., Niebuhr-Siebert, S. (2022): Mehrsprachigkeit in der KiTa. Grundlagen – Konzepte – Bildung. 2. vollst. überarb. Aufl., Kohlhammer, Stuttgart

Chilla, S., Rothweiler, M., Babur, E. (2010): Kindliche Mehrsprachigkeit, Grundlagen – Störungen – Diagnostik. 1. Aufl. Ernst Reinhardt, München

Chilla, S., Şan, H. (2017): Möglichkeiten und Grenzen der Diagnostik erstsprachlicher Fähigkeiten: Türkisch-deutsche und türkisch-französische Kinder im Vergleich. In: Yildiz, C. et al. (Hrsg.): Sprachen 2016. Russisch und Türkisch im Fokus. Berlin: Peter Lang, 175–205

Cindark, I., Devran, S. (2020): Türkisch in Deutschland. In: Beyer, R., Plewnia, A. (Hrsg.): Handbuch der Sprachminderheiten in Deutschland. Tübingen: Narr, 351–390

Chondrogianni, V., Marinis, T. (2011): Internal and External Factors in Child Second Language Acquisition. In: Epistemological Issue with Keynote Article "A Formalist Perspective on Language Acquisition" by Charles Yang 1 (3), S. 318–345

Clahsen, H. (1991): Child Language and Developmental Dysphasia. Linguistic Studies of the Acquisition of German. Benjamins, Amsterdam

Clahsen, H. (1988): Normale und gestörte Kindersprache. Linguistische Untersuchungen zum Erwerb von Syntax und Morphologie. Benjamins, Amsterdam

Clahsen, H., Bartke, S., Göllner, S. (1997): Formal Features in Impaired Grammars: A Comparison of English and German SLI Children. Journal of Neurolinguistics 10 (2/3), 151–171

Cobo-Lewis, A., Pearson, B., Eilers, R., Umbel, V. (2002): Effects of Bilingualism and Bilingual Education on Oral and Written English Skills: A Multifactor Study of Standardized Test Outcomes. In: Oller, K.D., Eilers, R. (Hrsg.): Language and Literacy in Bilingual Children. Clevedon, 64–97

Core, C., Hoff, E., Rumiche, R., Señor, M. (2013): Total and Conceptual Vocabulary in Spanish–English Bilinguals From 22 to 30 Months: Implications for Assessment. In: J Speech Lang Hear Res 56 (5), 1637–1649

Czapka, S., Topaj, N., Gagarina, N. (2021): A Four-Year Longitudinal Comparative Study on the Lexicon Development of Russian and Turkish Heritage Speakers in Germany. In: Languages 6 (1), 27

Deutscher Bundestag (2020): Kurzinformation. Gebärdensprache als Minderheitensprache? In: https://www.bundestag.de/resource/blob/691852/0de8b0fef05ad2f3e50d5e0612596450/WD-10-006-20-pdf-data.pdf, 12.01.21

Diamond, A., Lee, K. (2011): Interventions Shown to Aid Executive Function Development in Children 4 to 12 Years Old. In: Science 333 (6045), 959–964

Dimroth, C. (2008): Kleine Unterschiede in den Lernvoraussetzungen beim ungestörten Zweitspracherwerb: Welche Bereiche der Zielsprache Deutsch sind besonders betroffen? In: Ahrenholz, B. (Hrsg.): Zweitspracherwerb. Diagnosen – Verläufe – Voraussetzungen. Fillibach, Freiburg i. B., 117–133

Döpke, S. (1992): One Parent, One Language. An Interactional Approach. Benjamins, Amsterdam

Ehlich, K. (2005a): Anforderung an Verfahren der regelmäßigen Sprachstandsfeststellung als Grundlage für die frühe und individuelle Förderung von Kindern mit und ohne Migrationshintergrund. BMBF, Bonn

Ehlich, K. (2005b): Sprachaneignung und deren Feststellung bei Kindern mit und ohne Migrationshintergrund. Was man weiß, was man braucht, was man erwarten kann. In: Ehlich, K. (Hrsg.): Anforderung an Verfahren der regelmäßigen Sprachstandsfeststellung als Grundlage für die frühe und individuelle Förderung von Kindern mit und ohne Migrationshintergrund. BMBF, Bonn, 11–75

Eisenbeiß, S., Bartke, S., Clahsen, H. (2006): Structural and Lexical Case in Child German: Evidence from Language-Impaired and Typically Developing Children. Language Acquisition 13, 3–32

Ekmekci, F. Ö. (1982): Acquisition of Verbal Inflections in Turkish. Journal of Human Sciences 1 (2), 227–241

Elman, J., Bates, E., Johnson, M. H., Karmiloff-Smith, A., Parisi, D., Plunkett, K. (1996): Rethinking innateness. A connectionist perspective on development. London: Bradford

Flores, C. (2007): Sprachverlust im Kontext deutsch-portugiesischer Remigration. In: Flores, C., Grossegesse, O. (Hrsg.). Wildern in luso-austro-deutschen Textrevieren. Festschrift für Erwin Koller, 87–100

Fox, A. (2003): Kindliche Aussprachestörung. Phonologischer Erwerb. Differenzialdiagnostik. Therapie. Schulz-Kirchner, Idstein

Fried, L. (2004): Expertise zu Sprachstandserhebungen für Kindergartenkinder und Schulanfänger. Eine kritische Betrachtung. Deutsches Jugendinstitut, München

Funkhaus Europa (2008): Interview. In: www.funkhauseuropa.de/sendungen/koeln_radyosu/2008/juni08/jugend.phtml, 15.11.2009

Gagarina, N. (2021): Multilingual Assessment Instrument for Narratives (LITMUS-MAIN). Ein Verfahren zur Erfassung der Erzählkompetenz von Kindern. LOGOS interdisziplinär 2, 96–105

Gagarina, N., Klassert, A., Topaj, N. (2010): Sprachstandstest Russisch für mehrsprachige Kinder / Russian Language Proficiency Test for Multilingual Children. ZAS Papers in Linguistics 54, Sonderheft. ZAS, Berlin

Gagarina, N., Klop, D., Kunnari, S., Tantele, K., Välimaa, T., Bohnacker, U., Walters, J. (2019): MAIN: Multilingual Assessment Instrument for Narratives – Revised. ZAS Papers in Linguistics 56. ZAS, Berlin

Gagarina, N., Klop, D., Kunnari, S., Tantele, K., Välimaa, T., Balčiūnienė, I., Bohnacker, U., Walters, J. (2012): MAIN: Multilingual Assessment Instrument for Narratives. ZAS Papers in Linguistics 56. ZAS, Berlin

García, O. (2012): Theorizing Translanguaging for Educators. In: Christina Celic und Kate Seltzer (Hrsg.): Translanguaging: A CUNY-NYSIEB Guide for Educators. New York, NY: CUNY-NYSIEB, The Graduate Cente, 1–6

Gathercole M. V. C., Thomas E. M. (2009): Bilingual First-Language Development: Dominant Language Takeover, Threatened Minority Language Take-up. In: Bilingualism 12 (2), 213–237

Gawlitzek-Maiwald, I., Tracy, R. (1996): Bilingual Bootstrapping. Linguistics 34, 901–926

Gee, J. P. (2016): The Vexed Nature of Language Learning and Teaching. In: Creativity in Language Teaching – Perspectives from Research and Practice. Unter Mitarbeit von Rodney H. Jones und Jack C. Richards. (ESL & applied linguistics professional series), Routledge, New York, 63–76

Gee, J. P. (2014): An Introduction to Ciscourse Analysis. Theory and Method. 4. ed., Routledge, London

Geist, B., Krafft, A. (2017): Deutsch als Zweitsprache. Sprachdidaktik für mehrsprachige Klassen. 1. Auflage. Tübingen: Narr Francke Attempto Verlag (Linguistik und Schule, 2).

Genesee, F. (2006): Chapter 4. Bilingual First Language Acquisition in Perspective. In: Peggy McCardle (Hrsg.): Childhood Bilingualism. Research on Infancy through School Age. Unter Mitarbeit von Erika Hoff. 1st ed. Bristol: Channel View Publications (Child Language and Child Development), 45–67

Gogolin, I., Neumann, U., Reuter, L. R. (2001): Schulbildung für Kinder aus Minderheiten in Deutschland 1989–1999. Waxmann, Münster/New York/München/Berlin

Gollan, T. H., Montoya, R. I., Cera, C., Sandoval, Tiffany C. (2008): More Use Almost Always a Means a Smaller Frequency Effect: Aging, Bilingualism, and the Weaker Links Hypothesis. In: Journal of Memory and Language 58 (3), 787–814

Grimm, H. (1999): Störungen der Sprachentwicklung. Hogrefe, Göttingen

Grimm, H., Aktaş, M, Frevert, S. (2015): SETK 3-5. Sprachentwicklungstest für drei- bis fünfjährige Kinder. Diagnose von Sprachverarbeitungsfähigkeiten und auditiven Gedächtnisleistungen. Göttingen

Grimm, A., Ferré, S., dos Santos, C., Chiat, S. (2014): Can Nonwords Be Language-independent? Cross-linguistic Evidence from Monolingual and Bilingual Acquisition of French, German, and Lebanese: Oral Presentation at Symposium Language Impairment Testing in Multilingual Setting (LITMUS): Disentangling bilingualism and SLI. Reading, UK, July 13–19

Grosjean, F. (2020): Individuelle Zwei- und Mehrsprachigkeit. In: Ingrid Gogolin, Antje Hansen, Sarah McMonagle und Dominique P. Rauch (Hg.): Handbuch Mehrsprachigkeit und Bildung. Wiesbaden: Springer VS, 13–21

Grosjean, F. (2001): The Bilingual's Language Modes. In: Nicol, J. L. (Hrsg.): One Mind, Two Languages. Bilingual Language Processing. Blackwell, Malden, 1–22

Grosjean, F. (1989): Neurolinguists, Beware! The Bilingual is Not Two Monolinguals in One Person. In: Brain and Language, 36, 3–15

Grundy, J. G. (2020): The Effects of Bilingualism on Executive Functions: An Updated Quantitative analysis. In: Journal of Cultural Cognitive Science 4 (2), 177–199

Haberzettl, S. (2005): Der Erwerb der Verbstellungsregeln in der Zweitsprache Deutsch durch Kinder mit russischer und türkischer Muttersprache. Tübingen, Niemeyer

Haberzettl, S. (2003): 'Tinkering' with Chunks: Form-oriented Strategies and Idiosyncratic Utterance Patterns without Functional Implications in the IL of Turkish Speaking Children Learning German. In: Christine Dimroth (Hrsg.): Information Structure and the Dynamics of Language Acquisition. Unter Mitarbeit von Marianne Starren. Philadelphia: John Benjamins Publishing Company, 45–63

Hänel-Faulhaber, B. (2018): Gebärdensprache, lautsprachunterstützende Gebärden und Bildkarten. Inklusive sprachliche Bildung in Kindertageseinrichtungen unter Berücksichtigung alternativer Kommunikationssysteme. Weiterbildungsinitiative Frühpädagogische Fachkräfte, WiFF Expertisen, Band 52. München

Hakuta, K. (2001): A Critical Period for Second Language Acquisition? In: Bailey, Donald B., Jr., Ed., Bruer, John T., Ed., Symons, Frank J., Ed. und Jeff W. Lichtman (Hrsg.): Critical Thinking about Critical Periods. Baltimore: Paul H. Brookes Pub. Co, 193–205

Hamann, C., Abed Ibrahim, L. (2017): Methods for Identifying Specific Language Impairment in Bilingual Populations in Germany. Frontiers in Communication, 2, 1–19

Hamann, C., Chilla, S., Abed Ibrahim, L., Fekete, I. (2020): Language Assessment Tools for Arabic-speaking Heritage and Refugee Children in Germany. In: Applied Psycholinguistics, 40, 1–40

Hamann, C., Chilla, S., Ruigendijk, E., Abed Ibrahim, L. (2013): A German Sentence Repetition Task: Testing Bilingual Russian/German Children. Poster Presented at the COST Meeting in Krakow, May 2013.

Hamann, C., Penner, Z., Lindner, K. (1998): German Impaired Grammar: The Clause Structure Revisited. Language Acquisition 7 (2–4), 193–245

Hamann, C., Tuller, L., Chilla, S., Rothweiler, M. et al. (2013-2016): BiLaD: Bilinguale Sprachentwicklung: Kinder mit typischer Sprachentwicklung und Kinder mit einer Sprachentwicklungsstörung. Forschungsprojekt, DFG/ANR 2013–2016; HA 2335/61, RO 923/3-1, CH 1112/2–1

Hartshorne, J. K., Tenenbaum, J. B., Pinker, S. (2018): A Critical Period for Second Language Acquisition: Evidence from 2/3 Million English Speakers. In: Cognition 177, 263–277

Hennies, K. (2021): Beispiele entnommen aus: Sprachwahlstrategien gehörloser Mütter mit ihrem hörenden Kind. Dissertation Universität Erfurt (in Vorb.)

Herkenrath, A., Karakoc, B. (2002): Zum Erwerb von Verfahren der Subordination bei türkisch-deutsch bilingualen Kindern. Transkripte und quantitative Aspekte. Arbeit zur Mehrsprachigkeit 32. Sonderforschungsbereich Mehrsprachigkeit (SFB 538), Hamburg

Herrmann, A. (2014): Kann man mit den Händen schreien? In: https://www.ds.mpg.de/2695002/2014_11, 12.01.22

Hertel, I., Chilla, S., Abed Ibrahim, L. (2022): Special Needs Assessment in Bilingual School-Age Children in Germany, Languages 7, no. 1: 4. https://doi.org/10.3390/languages7010004, 12.01.22

Hertel, I., Chilla, S., Abed Ibrahim, L. (2021): Multilingual and Special Needs Assessment in School-Age Children in Germany. (in Begutachtung)

Hess-Gabriel, B. (1979): Zur Didaktik des Deutschunterrichts für Kinder türkischer Muttersprache. Eine kontrastivlinguistische Studie. Narr, Tübingen

Hoff, E., Core, C., Place, S., Rumiche, R., Señor, M., Parra, M. (2012): Dual Language Exposure and Early Bilingual Development. In: J. Child Lang. 39 (1), 1–27

Hoff, E., Rumiche, R., Burridge, A., Ribot, K. M., Welsh, S. N. (2014): Expressive Vocabulary Development in Children from Bilingual and Monolingual Homes: A Longitudinal Study from Two to Four Years. In: Early Childhood Research Quarterly 29 (4), 433–444

Holliday, A. (2009): The Role of Culture in English Language Education: Key Challenges. In: Language and Intercultural Communication 9 (3), 144–155

Homburg, G. (1991): Konzepte und Ansatzpunkte der Dygrammatismustherapie. In: Grohnfeldt, M. (Hrsg.): Handbuch der Sprachtherapie. Störungen der Grammatik. Wissenschaftsverlag Spiess, Berlin

Jeuk, S. (2008): „Der Katze sieht den Vogel". Aspekte des Genuserwerbs im Grundschulalter. In: Ahrenholz, B., Baur, R.S., Gasteiger-Klicpera, B. et al. (Hrsg.): Zweitspracherwerb. Diagnosen, Verläufe, Voraussetzungen; Beiträge aus dem 2. Workshop Kinder mit Migrationshintergrund [vom 16. bis 17. November 2006 an der Technischen Universität Berlin]. Freiburg im Breisgau: Fillibach, 135–150

Johnson, J. S., Newport. E. L. (1989): Critical Period Effects in Second Language Learning: The Influence of Maturational State on Acquisition of English as a Second Language. Cognitive Psychology 21, 60–99

Kaltenbacher, E., Klages, H. (2006): Sprachprofil und Sprachförderung bei Vorschulkindern mit Migrationshintergrund. In: Ahrenholz, B. (Hrsg.): Kinder mit Migrationshintergrund. Spracherwerb und Fördermöglichkeiten. Fillibach, Freiburg i. B., 80–97

Kany, W., Schöler, H. (2010): Fokus: Sprachdiagnostik. Leitfaden zur Sprachstandbestimmung im Kindergarten. 2. Aufl. Cornelsen Scriptor, Berlin

Kauschke, C. (2012): Kindlicher Spracherwerb im Deutschen. Verläufe, Forschungsmethoden, Erklärungsansätze. De Gruyter, Berlin

Kauschke, C., Siegmüller, J. (2002): Patholinguistische Diagnostik bei Sprachentwicklungsstörungen. Urban & Fischer, München

Keim, I. (2017): 16. Städtische Gruppen und ihre kommunikativen sozialen Stile. In: Neuland, E., Schlobinski, P. (Hrsg.): Handbuch Sprache in sozialen Gruppen, Berlin, Boston: De Gruyter, 313–330

Keim, I. (2007): Die ‚türkischen Powergirls'. Lebenswelt und kommunikativer Stil einer Migrantinnengruppe in Mannheim. Narr, Tübingen

Keim, I., Knöbl, R. (2007): Sprachliche Varianz und sprachliche Virtuosität türkischstämmiger „Ghetto"-Jugendlicher in Mannheim. In: Fandrych, C., Salverda, R. (Hrsg.): Standard, Variation und Sprachwandel in germanischen Sprachen. Tübingen: Narr, 157–199

Ketrez, F. N., Aksu-Koç, A. (2009): Early Nominal Morphology: Emergence of Case and Number. In: Voeika, M., Stephany, U. (Hrsg.): The Development of Number and Case in the First Language Acquisition: A Crosslinguistic Perspective. Mouton de Gruyter, 15–48

Kinderkommission des Deutschen Bundestages (2005): Kinderkommission zum „Tag der Muttersprache". In: http://webarchiv.bundestag.de/archive/2008/0416/aktuell/presse/2005/pz_050218.html, 12.01.22

Klassert, A. (2011): Lexical Abilities of Bilingual Children with an Immigrant Background – A Study of Naming of Nouns and Verbs in Russian and German

Klassert, A., Kauschke, C. (2014): Semantisch-lexikalische Entwicklungsstörungen bei mehrsprachigen Kindern. In: Chilla, S., Haberzettl, S. (Hrsg.): Mehrsprachigkeit. (Handbuch Spracherwerb und Sprachentwicklungsstörungen, 3), Elsevier Urban & Fischer, München, 121–133

Kohnert, K. J., Bates, E. (2002): Balancing Bilinguals II. In: J Speech Lang Hear Res 45 (2), 347–359

Kohnert, K., Derr, A. (2004): Language Intervention with Bilingual Children. In: Goldstein, B. A. (Hrsg.): Bilingual Language Development and Disorders in Spanish-English Speakers. Md.: Brookes, Baltimore, 315 – 343

Kracht, A. (2010): Pädagogische Professionalität in der Sprachförderung und der Sprachtherapie. Eine professionalitätstheoretische Analyse im Kontext der Sprachbehindertenpädagogik. Aachen

Kracht, A. (2007): Probleme beim Zweitspracherwerb. In: Schöler, H., Welling, A. (Hrsg.): Sonderpädagogik der Sprache. Hogrefe, Göttingen, 442 – 455

Kracht, A. (2003): Zur Anerkennung von Mehrsprachigkeit als Entwicklungs- und Lernbedingung. In: Feuser, G. (Hrsg.): Integration heute. Perspektiven ihrer Weiterentwicklung in Theorie und Praxis. Peter Lang, Frankfurt/M., 123 – 131

Kracht, A. (2000): Migration und kindliche Zweisprachigkeit. Interdisziplinarität und Professionalität sprachpädagogischer und sprachbehindertenpädagogischer Praxis. Waxmann, Münster/New York/München/Berlin

Kracht, A., Lehmann, R., Welling, A. (2004): Professionalisierung der Lehrerbildung im sonderpädagogischen Studienschwerpunkt Sprachliche Beeinträchtigung. Ein Praxisprojekt mit Studierenden zur Kooperativen Sprachförderung mehrsprachiger Kinder. In: Die Sprachheilarbeit 49, 11 – 17

Kroffke, S., Meyer, B. (2007): Verständigungsprobleme in bilingualen Anamnesegesprächen. In: Kameyama, S., Meyer, B. (Hrsg.): Mehrsprachigkeit am Arbeitsplatz. Beiträge zur Jahrestagung der Gesellschaft für Angewandte Linguistik 2004. Reihe Forum Angewandte Linguistik 47. Peter Lang, Frankfurt/M., 149 – 183

Kupisch, T., Rothman, J. (2018): Terminology Matters! Why Difference Is Not Incompleteness and How Early Child Bilinguals Are Heritage Speakers. In: International Journal of Bilingualism 22 (5), 564 – 582

Leonard, L. B. (2014): Children with Specific Language Impairment. MIT Press, Cambridge

Leseman, P. P. M. (2000): Bilingual Vocabulary Development of Turkish Preschoolers in the Netherlands. In: Journal of Multilingual and Multicultural Development 21 (2), 93 – 112

Lowe, R. J. (2020): Uncovering Ideology in English Language Teaching. Identifying the 'Native Speaker' Frame. Cham: Springer International Publishing AG (English Language Education Ser, v.19

Luchtenberg, S. (2000): Migration, Multikulturalismus, Mehrsprachigkeit in den Medien. Institut für Bildung und Kommunikation in Migrationsprozessen, Oldenburg

Lufthansa AG (2021): PartnerPlusBenefit – Ein Programm, viele Vorteile. https://www.lufthansa.com/de/de/partnerplusbenefit, 12.01.21

MacSwan, J. (2017): A Multilingual Perspective on Translanguaging. In: American Educational Research Journal 54 (1), 167 – 201

MacWhinney, B. (2000): The CHILDES Project: Tools for Analyzing Talk. Volume 1: Transcription Format and Programs. Volume 2: The Database. Lawrence Erlbaum Associates, Mahwah

Marchman, V. A., Fernald, A., Hurtado, N. (2010): How Vocabulary Size in Two Languages Relates to Efficiency in Spoken Word Recognition by Young Spanish-English Bilinguals. In: J. Child Lang. 37 (4), 817 – 840

Marchman, V., Bates, E. (1994): Continuity in Lexical and Morphological Development: A Test of the Critical Mass Hypothesis. Journal of Child Language 21, 339 – 366

Marinova-Todd, S. H., Marshall, D. B., Snow, C. E. (2000): Three Misconceptions about Age and L2 Learning. In: TESOL Quarterly 34 (1), 9

Markman, E. M. (1989): Categorizing and Naming in Children. Problems of Induction. MIT-Press, Cambridge

May, P., Kintze, J (2008): Vorstellungsverfahren Viereinhalbjähriger. Bericht über die Auswertung im Schuljahr 2007/2008. Landesinstitut für Lehrerbildung und Schulentwicklung, Hamburg

Mayberry, R. I. (2007): When Time Is Everything: Age of First-Language Acquisition Effects on Second-Language Learning. Applied Psycholinguistics 28, 537–549

Meisel, J. M. (2011): First and Second Language Acquisition: Parallels and Differences. Cambridge University, Cambridge

Meisel, J. M. (2004): The Bilingual Child. In: Bathia, T. K., Ritchie, W. C. (Hrsg.): The Handbook of Bilingualism. Blackwell, Malden, 91–113

Miller, M. (1979): The Logic of Language Development in Early Childhood. Springer, Berlin

Montanari, E. (2002): Mit zwei Sprachen groß werden. Mehrsprachige Erziehung in Familie, Kindergarten und Schule. Kösel, München

Montanari, E. G., Akıncı, M.-A., Abel, R. (2019): Balance and Dominance in the Vocabulary of German-Turkish Primary School Children. In: European Journal of Applied Linguistics 7 (1), 113–144.

Montrul, S. (2020): Attrition, Addition, and Age. In: Second Language Research 36 (2), 213–217

Motsch, H.-J. (2011): ESGRAF-MK. Evozierte Diagnostik grammatischer Fähigkeiten für mehrsprachige Kinder. Ernst Reinhardt, München

Müller, N., Kupisch, K., Schmitz, K., Cantone, K. (2006): Einführung in die Mehrsprachigkeitsforschung. Deutsch – Französisch – Italienisch. Narr, Tübingen

Müller, N., Cantone, L., Kupisch, K., Schmitz, K. (2002): Zum Spracheneinfluss im bilingualen Erstspracherwerb: Italienisch-Deutsch. Linguistische Berichte 190, 157–206

Munk, N. (2002): Macht Kindergärten kostenfrei! In: http://www.munkgroup.com/we_demo_2/7_Sonstiges/Macht_Kindergaerten_kostenfrei.php, 06.10.2009

Nas, V. (2009): Türkisch-Artikulations-Test (TAT). Springer, Berlin/Heidelberg.

Norbury, C. F., Gooch, D., Wray, C. et al. (2016): The Impact of Nonverbal Ability on Prevalence and Clinical Presentation of Language Disorder: Evidence from a Population Study. In: Journal of Child Psychology and Psychiatry, and Allied Disciplines 57, H. 11, 1247–1257.

Ose, J., Schulz, P. (2010): What Is Jonas Looking for – A Handkerchief or the Handkerchief? A Pilot Study on the Acquisition of Definite and Indefinite Articles in Children with German as a Second Language. In: Rost-Roth, M. (Hrsg.): DaZ-Spracherwerb und Sprachförderung Deutsch als Zweitsprache. Beiträge aus dem 5. Workshop „Kinder mit Migrationshintergrund“. Fillibach, Freiburg im Breisgau, 79–97

Paplikar, A., Mekala, S., Bak, T. H., Dharamkar, S., Alladi, S., Kaul, S. (2019): Bilingualism and the Severity of Poststroke Aphasia. In: Aphasiology 33 (1), 58–72

Paradis, J. (2011): Individual Differences in Child English Second-language Acquisition: Comparing Child-internal and Child-external Factors. In: Linguistic Approaches to Bilingualism, 1

Paradis, J. (2010): The Interface between Bilingual Development and Specific Language Impairment. In: Applied Psycholinguistics 31 (2), 227–252

Paradis, J. (2008): Early Bilingual and Multilingual Acquisition. In: Auer, P., Wei, L., Li, W. (Hrsg.): Handbook of Multilingualism and Multilingual Communication. Mouton de Gruyter, Berlin, New York

Paradis, J. (2007): Second Language Acquisition in Childhood. In: Hoff, E., Shatz, M. (Hrsg.): Handbook of Language Development. Blackwell, Oxford, 387–406

Paradis, J. (2005): Grammatical Morphology in Children Learning English as a Second Language. Implications of Similarities with Specific Language Impairment. Language, Speech, and Hearing Services in the Schools 36, 172–187

Penke, M. (2006): Flexion im mentalen Lexikon. Niemeyer, Tübingen

Petersen, J. (1988): Word-Internal Code-Switching Constraints in a Bilingual Child's Grammar. Linguistics 26 (3), 479–493

Pétursson, M., Neppert, J. (2002): Elementarbuch der Phonetik. 3. Auflage. Helmut Buske Verlag, Hamburg

Pfaff, C. W. (1994): Early Bilingual Development of Turkish Children in Berlin. In: Extra, G., Verhoeven, L. (Hrsg.): The Cross-Linguistic Study of Bilingual Development. Koninklijke Nederlanse Akademie van Wetenschappen, North-Holland, Amsterdam/Oxford/New York/Tokyo, 75–97

Pienemann, M. (1981): Der Zweitspracherwerb ausländischer Arbeiterkinder. Bouvier, Bonn

Pinker, S. (1984): Language Learnability and Language Development. Cambridge University Press, Cambridge

Polinsky, M., Scontras, G. (2020): Understanding Heritage Languages. In: Bilingualism: Lanuage and Cognition 23 (1), 4–20

Rehbein, J. (2001): Turkish in European Societies. In: Sonderforschungsbereich 538 (Hrsg.): Arbeiten zur Mehrsprachigkeit. Sonderforschungsbereich 538, Hamburg, 1–20

Reich, H. H., Roth, H.-J. (Hrsg.) (2007): Sprachdiagnostik im Lernprozess. Waxmann, Münster/New York/München/Berlin, 71–94

Reich, H. H., Roth, H.-J. (2004): HAVAS-5. Hamburger Verfahren zur Analyse des Sprachstandes bei 5-Jährigen. LI, Hamburg

Richards, J. C., Schmidt, R. W. (2013): Longman Dictionary of Language Teaching and Applied Linguistics: Routledge

Ringmann, S., Siegmüller, J. (Hrsg.) (2013): Reihe: Handbuch Spracherwerb und Sprachentwicklungsstörungen. Elsevier GmbH Urban & Fischer Verlag, München

Ronjat, J. (1913): Le développement du langage observé chez un enfant bilingue. Champion, Paris

Rothweiler, M. (2009): Über den Zusammenhang von Lexikon, Grammatik und Mehrsprachigkeit: Was kann die Spracherwerbsforschung für die Praxis liefern? Sprachheilarbeit 54, 246–254

Rothweiler, M. (2007a): Multilingualism and Language Impairments. In: Auer, P., Wei, L. (Hrsg.): Multilingualism. De Gruyter, Berlin/New York

Rothweiler, M. (2007b): Spracherwerb. In: Meibauer, J., Demske, U., Geilfuß-Wolfgang, J., Pafel, J., Ramers, K.-H., Rothweiler, M., Steinbach, M.: Einführung in die germanistische Linguistik. 2., überarbeitete Auflage. Metzler, Stuttgart/Weimar, 253–295

Rothweiler, M. (2007c) Bilingualer Spracherwerb und Zweitspracherwerb. In: Steinbach, M. (Hrsg.): Schnittstellen der germanistischen Linguistik. Metzler, Stuttgart/Weimar, 103–135

Rothweiler, M. (2004) Spezifische Sprachentwicklungsstörung und früher Zweitspracherwerb. In: VHN – Vierteljahresschrift für Heilpädagogik und ihre Nachbargebiete 73, 167–178

Rothweiler, M. (2006): The Acquisition of V2 and Subordinate Clauses in Early Successive Aquisition of German. In: Lleó, C. (Hrsg.): Interfaces in Multilingualism. Acquisition, Representation, and Processing. Benjamins, Amsterdam, 91–113

Rothweiler, M., Chilla, S., Babur E. (2010): Specific Language Impairment in Turkish: Evidence from the Acquisition from Case Morphology in Turkish-German Successive Bilinguals. Clinical Linguistics and Phonetics, Early Online, 1–16

Rothweiler, M., Chilla, S., Clahsen, H. (2012): Subject Verb Agreement in Specific Language Impairment: A Study of Monolingual and Bilingual German-speaking Children. Bilingualism: Language and Cognition 15 (1), 39–57

Ruberg, T. (2015): Diagnostische Aspekte des Genuserwerbs ein- und mehrsprachiger Kinder: Schulz-Kirchner Verlag

Sachse, S., Bockmann, A.-K., Buschmann, A. (Hrsg.) (2020): Sprachentwicklung: Entwicklung – Diagnostik – Förderung im Kleinkind- und Vorschulalter. Springer, Berlin, Heidelberg

Schaerlaekens, A., Zink, I., Verheyden, L. (1995): Comparative Vocabulary Development in Kindergarten Classes with a Mixed Population of Monolinguals, Simultaneous and Successive Bilinguals. In: Journal of Multilingual and Multicultural Development 16 (6), 477–495

Schellhardt, C., Schroeder, C. (2015): Nominalphrasen in deutschen und türkischen Texten mehrsprachiger Schüler/innen. In: Köpcke, K. M., Ziegler, A. (Hrsg.), Deutsche Grammatik im Kontakt in Schule und Unterricht, de Gruyter, Berlin, 241–261

Schöler, H. (2020): Spracherwerbstheorien. In: Sachse, S., Bockmann, A.-K., und Buschmann, A. (Hrsg.): Sprachentwicklung: Entwicklung – Diagnostik – Förderung im Kleinkind- und Vorschulalter. Springer, Berlin, Heidelberg, 65–87

Schöler, H., Brunner, M. (2008): HASE-Heidelberger Auditives Screening in der Einschulungsuntersuchung. Göttingen

Schöler, H., Fromm, W., Kany, W. (1998): Spezifische Sprachentwicklungsstörung und Sprachlernen. Erscheinungsformen, Verlauf, Folgerung für Diagnostik und Therapie. Programm Ed. Schindele, Heidelberg

Schönenberger, M., Rothweiler, M., Sterner, F. (2012): Case Marking in Child L1 and Early Child L2 German. In: Gabriel, C., Braunmüller, K. (Hrsg.): Multilingual Individuals and Multilingual Societies. Benjamins, Amsterdam, 3–21

Schulz, P., Grimm, A. (2012): Spracherwerb. In: Drügh, H., Komfort-Hein, S., Kraß, A., Meier, C., Rohowski, G., Seidel, R., Weiß, H. (Hrsg.): Germanistik. Sprachwissenschaft – Literaturwissenschaft – Schlüsselkompetenzen. Metzler, Stuttgart/Weimar, 155–172

Schulz, P., Grimm, A., Wenzel, R. (2008): Linguistische Sprachstandserhebung – Deutsch als Zweitsprache (LiSe-DaZ): Theoretische Grundlagen und erste Ergebnisse. In: Ahrenholz, B. (Hrsg.): Zweitspracherwerb: Diagnose, Verläufe, Voraussetzungen. Fillibach, Freiburg i. B., 9–33

Schulz, P., Tracy, R. (2011): LiSe-DaZ – Linguistische Sprachstandserhebung – Deutsch als Zweitsprache. Hogrefe, Göttingen

Skateboard aka Stefan (2015): Paul Zenner & Marlon Lange – Buddy Interview. In: https://skateboardmsm.de/news/paul-zenner-marlon-lange-buddy-interview.html, 12.01.22

Skerra, A. (2017): Verfügbarkeit vn Kohäsionsmitteln für Kinder mit einer Sprachentwicklungsstörung – Eine Studie zu den Auswirkungen grammatischer Defizite auf das Verstehen und die Produktion von Texten. Universiätsverlag Potsdam

Skerra, A., Adani, F, Gagarina, N. (2013): Diskurskohäsive Mittel in Erzählungen als diagnostischer Marker für Sprachentwicklungsstörungen. Spektrum Patholinguistik 6, 123–154

Sopata, A. (2009): Erwerbstheoretische und glottodidaktische Aspekte des frühen Zweitspracherwerbs. Sprachentwicklung der Kinder im natürlichen und schulischen Kontext. Wydawnictwo Naukowe UAM, Poznan

Szagun, G. (2019): Sprachentwicklung beim Kind. Mit E-Book inside. 7. überarbeitete Auflage. Beltz, Weinheim, Basel

Szagun, G. (1983): Bedeutungsentwicklung beim Kind: Wie Kinder Wörter entdecken. Urban & Schwarzenberg, München

Şan, H. (2018): First Language Assessment of Turkish-German and Turkish-French Bilingual Children with Specific Language Impairment. In: Studies on Turkish Structures and Language Contacts: The Rouen Meeting. Harrassowitz Verlag, 293–298

şimşek, Y., Schroeder, C. (2011): Migration und Sprache in Deutschland am Beispiel der Migranten aus der Türkei und ihrer Kinder und Kindeskinder.In: Ozil, Ş, Hofmann, M, Dayıo4lu- Yücel, Y. (Hrsg.), Fünfzig Jahre türkische Arbeitsmigration in Deutschland. V&R unipress, 205–228

Thoma, D., Tracy, R. (2006): Deutsch als frühe Zweitsprache. Zweite Erstsprache? In: Ahrenholz, B. (Hrsg.): Kinder mit Migrationshintergrund. Spracherwerb und Fördermöglichkeiten. Fillibach, Freiburg i. B., 58–79

Topbaş, S. (2007); Turkish Speech Acquisition. In: McLeod, S. (Hrsg.), The International Guide to Speech Acquisition Thomson Delmar Learning, 566–579

Topbaş, S. (2005): 2. Dil ve Konuşma Bozuklukları Kongresi Bildiriler Kitabı. KOK

Topbaş, S., Güven, S. (2017). Türkçe Okul Çağı Dil Gelişimi Testi TODİL. Detay

Topbaş, S., Güven, S. (2011). Türkçe Erken Dil Gelişim Testi-TEDİL-3. Detay

Topbaş, S., Yavaş, M. (Hrsg.). (2010): Communication Disorders in Turkish in Monolingual and Multilingual Settings. Multilingual Matters

Tracy, R. (2007): Wie Kinder Sprachen lernen. Und wie wir sie dabei unterstützen können. Francke, Tübingen

Tracy, R. (2005): Spracherwerb bei vier- bis achtjährigen Kindern. In: Guldiman, T., Hauser, B. (Hrsg.): Bildung 4- bis 8-jähriger Kinder. Waxmann, Münster/New York/München/Berlin, 59–75

Tracy, R. (1991): Sprachliche Strukturentwicklung. Linguistische und kognitionspsychologische Aspekte einer Theorie des Erstspracherwerbs. Narr, Tübingen

Tracy, R., Lemke, V. (2012): Young L2 and LI Learners: More Alike than Different. In: Benazzo, S., Hickmann, M., Watorek, M. (Hrsg.): Comparative Perspectives on Language Acquisition. A Tribute to Clive Perdue. Online-Ausg. Blue Ridge Summit, PA: Multilingual Matters (Second language acquisition, 61), 303–323

Trägerkonsortium BiSS-Transfer (2021): www.biss-sprachbildung.de, 12.01.22

Tsehaye, W., Pashkova, T., Tracy, R., Allen, S. E. M. (2021): Deconstructing the Native Speaker: Further Evidence from Heritage Speakers for Why This Horse Should Be Dead! In: Frontiers in Psychology 12

Tuller, L. (2015): 11. Clinical Use of Parental Questionnaires in Multilingual Contexts. In: de Jong, J., Meir, N., Armon-Lotem, S. (Hrsg.): Assessing Multilingual Children Disentangling Bilingualism from Language Impairment. Bristol, Buffalo: Multilingual Matters (Communication disorders across languages, 13), 301–330

Turgay, K. (2010): Einige Aspekte zum Erwerb des Genus durch Kinder mit türkischer und italienischer Erstsprache. In: Zeitschrift für angewandte Linguistik 2010 (53), 1–29

Uzuntaş, A. (2008): Muttersprachliche Sprachstandserhebung bei zweisprachigen türkischen Kindern im deutschen Kindergarten. In: Ahrenholz, B. (Hrsg.), Zweitspracherwerb: Diagnosen, Verlaeufe, Voraussetzungen. Fillibach, Freiburg i.Br., 65–91

Valdés, G. (Hrsg.) (2000): Spanish for Native Speakers. 1 Band. Harcourt College, New York

Wagner, L. (2010): SCREEMIK. Computergestütztes Verfahren zur Feststellung des Sprachstands in der Erstsprache bei Kindern mit Migrationshintergrund (Türkisch: Aussprache und Wortschatz, Russisch: Aussprache, Wortschatz, Grammatik) Vergleichswerte für Kinder von 4;0–5:11. In: www.screemik.de, 12.01.2022

Weber, P. (2018): Alphabetisierung in Deutsch als Zweitsprache. Köln: Mercator-Institut für Sprachförderung und Deutsch als Zweitsprache (Basiswissen sprachliche Bildung). In: https://www.mercator-institut-sprachfoerderung.de/de/themenportal/thema/alphabetisierung-in-deutsch-als-zweitsprache/, 12.01.22

Wegener, H. (1995): Generative Morphologie und Deutsch als Fremd- und Zweitsprache. Der deutsche Plural und sein Erwerb durch kindliche L2-Lerner – ein Beispiel für Natürliche Morphologie und Grade von Markiertheit im Deutschen. In: Jahrbuch Deutsch als Fremdsprache 21. Iudicium, München, 185–208

Wegener, H. (1993): Der, die, das? Genuszuweisung und Genusmarkierung im natürlichen DaZ-Erwerb durch Kinder aus Polen, Rußland und der Türkei. In: Küper, C. (Hrsg.): Deutsch als Fremdsprache. Arbeitspapiere zur Linguistik 29, Berlin, 81–114

Welling, A. (2004): Kooperative Sprachdidaktik als Konzept sprachbehindertenpädagogischer Praxis. In: Grohnfeldt, M. (Hrsg.). Handbuch der Sprachheilpädagogik und Logopädie. Bd. 5. Bildung, Erziehung und Unterricht. Kohlhammer, Stuttgart, 127–146

Welt der Wunder (2021): Vielfalt in Gefahr. Alle zwei Wochen stirbt eine Sprache. In: https://www.weltderwunder.de/artikel/vielfalt-in-gefahr-alle-zwei-wochen-stirbt-eine-sprache, 12.01.22

Zebib, R., Tuller, L., Hamann, C., Abed Ibrahim, L., Prévost, P. (2019): Syntactic Complexity and Verbal Working Memory in Bilingual Children with and without Developmental Language Disorder; First Language, Vol. 40, (4), 461–484 https://doi.org/10.1177/0142723719888372

Sachregister

A

Ablativ 81

Ad-hoc-Dolmetscher 116

Adressatenorientierung 61, 111

Anglizismen 59

Akkusativ 12, 53

B

Backus 2004 81

Bezugserzieherin 116

Bildungsmonitoring 109

Boeschoten 1990 81

Borrowing 64, 68

C

Code-Switching 64

D

Dativ 18, 53

Dialog 61

Dimroth 2008 57

Developmental Language Disorder, DLD 68, 78

Dominant Language Hypothesis 64

Döpke 64

E

EEG-Messungen 55

Ehlich 111

Einflussfaktoren 95

Elizitationstests 86

Elterngespräch 116

Endzustand 114

Erwerbsauffälligkeiten 79, 80

Erwerbsbedingungen 83

Erwerbsfähigkeit 56

Erwerbsmechanismen 54

Erwerbsmodelle 112

Erwerbssituation 84

F

Faktoren 79

Familiensprache 84

Familiensprache Türkisch 81

Förderbedarf 110

Fragepartikel 81

G

Gap Filling 64

gemischtsprachigen Modus 63

Genuserwerb 54

Grammatical SLI 97

grammatische Kompetenz 66

grammatische Systems 46

Grosjean 61, 115

H

Haberzettl 2005 40, 57

Herkenrath/Karakoç (2002) 85

Hochtürkische 90

I

Immersionssituationen 39

Immigrant Turkish 81, 89, 90, 115

Infinitive 80

Input 40, 84

Inputsituation 87

Inputveränderung 86

Interlanguage 69

Interne Faktoren 80

intersententionale Code-Switching 68
Intonation 90
Intrasententionales Code-Switching 68

K
Kommunikationsstörungen 117
Komplexe Strukturen 85
Konsonantencluster 90
Konsonantensystem 90
Konstituente 68
Konversation 62
Kracht 113, 114

L
Language Attrition 73
late talker 96
lebensweltlich zweisprachig 84
Lehnwörter 69
Leonard 96, 97
Lernersprache 69
lexikalischer Erwerb 41
linguistische Modellierung 80
LiSe-DaZ 112
Lokativ 81

M
Mehrheitsgesellschaft 84
Mehrheitssprache 72
Mehrsprachigkeitsforschung 54
Meilensteine 87
Merkmalskategorien 18
Migrantensprache 85
Migrationshintergrund 108
Minderheitensprache 72, 82
Morpheme 61
morphologische Markierungen 18
Motivation 80

N
Normen 115
Null-Subjekt-Eigenschaft 29

O
One Person – One Language 27

P
Paradis 41, 42
Performanz 79, 114
Petersen 64
Phonological-Syntactic Deficit Syndrome 97
Phonologieentwicklung 89
phonologische Prozesse 89
Plosivierung 94
psycholinguistischen Fundierung 111

Q
Qualität 88
Quantität 88

R
Rekonstruktion 115
Remigranten 73
Rothweiler 2009 43, 49, 105

S
Satzklammer 112
Screening 110, 113
sensible Phasen 56
Silbenreduktion 90
simultaner Erwerb 27
Sprachbewusstheit 108
Sprachbiografie 85, 115
Sprachdominanz 64
Spracheneinfluss 40
Sprachentwicklungsstörungen 96
Spracherfahrungen 113
Spracherwerbsproblematik 33
Sprachkompetenz 30

Sprachlerntagebücher 119
sprachlicher Kontext 41
sprachlicher Förderbedarf 109
sprachliche Handlungsfähigkeit 84, 113
Sprachmischung 59, 63, 64
Sprachmischungsphänomene 29
Sprachmodi 61
Sprachpräferenz 64
Sprachstand 79
Sprachstandserhebungen 109, 110, 111
Sprachstörungen 78
Sprachsystem 113
Sprachverlust 72
Sprecherverhalten 63
Subjekt-Verb-Kongruenz (SVK) 17, 47, 87
Suffixe 86

T

Tracy 23, 49, 51
transfer 64, 69, 89
T(urkish-)SALT 103
typische Charakteristika 79

U

Übergeneralisierungen 18

V

V2 17, 80
Varietät 81
Verbendstellung 97
Verbendstellungsmuster 105
Verbflexion 87
Verbzweitstellung 87
Verbzweitstellungssätze 17
Vokalharmonie 95